나는 시간이 아주 많은
어른이 되고 싶었다

HEUTE KOMMT JOHNSON NICHT
Kolumnen 2005-2008

Copyright ⓒ 2008 Suhrkamp Verlag Frankfurt am Main
Korean Translation Copyright ⓒ 2009 Prunsoop Publishing Co., Ltd.
All rights reserved.
The Korean language edition is published by arrangement with
Suhrkamp Verlag through MOMO Agency, Seoul.

이 책의 한국어판 저작권은 모모 에이전시를 통해
Suhrkamp Verlag 사와의 독점 계약으로 (주)도서출판 푸른숲에 있습니다.
저작권법에 의해 한국 내에서 보호를 받는 저작물이므로 무단 전재와 무단 복제를 금합니다.

HELDIN JOHNSON JOHNSON NIGHT

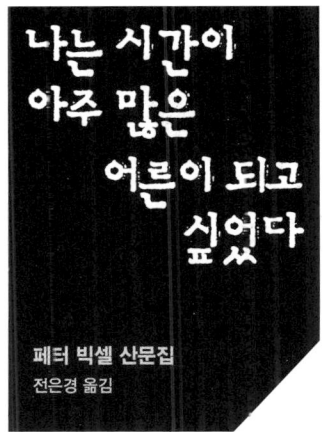

나는 시간이
아주 많은
어른이 되고
싶었다

페터 빅셀 산문집
전은경 옮김

푸른숲

기다림을 기다리며

차례 HEUTE KOMMT JOHNSON NICHT

- 9 존슨은 오늘 오지 않는다
- 14 기다림을 기다리며
- 19 오늘은 일요일
- 24 사라져가는 것들에 대한 향수(鄕愁)
- 29 과거가 없는 자그마한 술집
- 33 선불 버스표와 선술집
- 37 과거의 눈송이
- 41 우리가 아직 기다릴 수 있던 시절에
- 45 위대한 황금빛 세계사
- 49 잃어버린 것은 바로 '의례'
- 53 도주를 기다림
- 57 편안하고 질서 있는 무질서
- 61 말하지 않은 것에 관하여

작은 세상, 큰 세상

- 69 그들이 죽지 않기를
- 74 소음을 위한 변론
- 78 작은 세상, 큰 세상
- 83 바람에 쓴 글
- 87 그냥 그러니까
- 92 개미와 코끼리
- 96 그 여자 이름이 도대체 뭐였지?

101 '이해하기'보다 '듣기'
105 스테이크용 포크를 바라보며
110 발견의 자유
115 저녁에 만난 노벨상 수상자 두 명
119 낱말들아, 일어서라
124 작은, 아주 작은 소속감
129 공용어가 여러 개인 나라에서
134 딱 한 번, 처음 한 번만

141 사과나무에 올라앉은 재즈 연주자
145 후고를 그리며
150 그저 한 인간에 불과했던 황소
155 발리의 사제는 그저 가끔씩만
    오리를 가리킨다
160 단어가 없어도 나눌 수 있는 대화
165 나는 이런 민족에서 탈퇴하련다
169 위험한 적의 이름은?
174 '해골 클럽'에 관한 판타지
178 나의 국가, 타인의 국가
183 내 고향은 어디일까?

187 옮긴이의 말

내 고향은
어디일까?

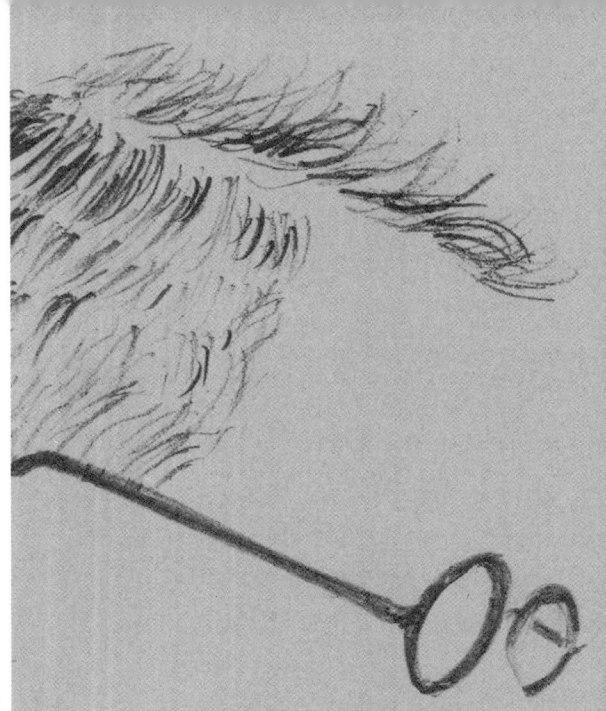

Am späten Nachmittag sitze ich meistens hier mit
EINEM GLAS ROTWEIN – DER ZWEITE TISCH RECHTS NACH DEM EING

SITZE ICH VORLÄUFIG ALLEIN HIER, ICH WARTE AUF NIEMANDEN,
aber nach und nach kommen auch andere und setzen sich
ZU MIR, DER PLATZ MIR GEGENÜBER
DER ABER BLEIBT LEER.

기다림을
기다리며

존슨은 오늘 오지 않는다

늦은 오후면 나는 대개 적포도주를 한 잔 들고 여기에, 입구 오른쪽 두 번째 탁자에 앉아 있다. 오늘은 일단 혼자고, 아무도 기다리지 않는다. 시간이 점점 지나면서 다른 사람들이 내 탁자에 와서 함께 앉지만, 건너편 자리는 빈 채로 있다. 평소에 존슨이 앉는 자리다. 그는 오늘 오지 않았다. 수요일에 오는 경우는 드물다. 아니, 존슨의 자리를 비워두어야 한다는 규칙은 없다. 그리고 오늘 그가 오지 않은 것도 우연일 뿐이다. 그렇다, 나는 존슨을 기다리지 않는다. 그러나 비어 있는 건너편 자리는, 내가 아무런 관여를 하지 않았음에도 불구하고 나를 기다림의 상황으로 몰아간다. 시계를 본다. 그래, 오늘은 아무래도 오지 않을 모양이다. 사실 이제 돌아가고 싶다. 그러나 오 분, 다시 십 분을 더 기다린다. 아니, 나는 존슨을 기다리는 게 아니다. 그저 기다릴 뿐이다. 건너편의 빈 의자가 나를 세차게 붙들고 기다리라고 강요한다.

그 빈자리는 내가 이미 오래전부터 기다린 다른 한 사람—롤프 디틀러—과 그가 나에게 들려준 간결한 이야기를 떠올리게 한다. 그 이야기가 내 머리에서 떠나지 않는다.

"저기 참새 보이지?"

그가 언젠가 졸로투른의 어느 전원주택 지붕을 가리키며 말했다. 작고 단순한 구리 공 형태인 지붕 탑 옆의 용마루에 참새 한 마리가 앉아 있었다.

"참새는 지금 기다리는 중이네."

그의 말에 나는 왜 그런지 모르게 제대로 반응하지 않았고, 그는 거의 화를 내다시피 말했다.

"자네는 전혀 이해하지 못하는군. 다음에 이야기하지."

그 뒤로 며칠이고 몇 주고 나는 그곳을 지날 때마다 위를 쳐다보았다. 참새는 정말 여전히 그 자리에 앉아 기다리고 있었다. 그런데 뭘?

나는 '내' 탁자에 앉아 기다린다. 아니, 누구를 기다리는 게 아니다. 나는 그저 기다릴 뿐이고, 롤프 디틀러와 그의 참새를 떠올린다. 지붕에 앉아 기다리는 참새.

새들도 기다림을 아는지는 잘 모르겠다. 그럴 것 같지는 않다. 나는 사람처럼 행동하고 사람과 비슷하게 옷을 차려입은 동둘들이 등장하는 동화를 어릴 때부터 좋아하지 않았지만, 어머니가 가끔 들려주던 라퐁텐 우화는 무척 좋아했다. 그 우화는 동물들을 의인화한 게 아니라, 그저 사람들을 연상시킬 뿐이었다. 커다란 고깃덩어리를 입에 문 여우가 작은 호수를 지나가다 둘에 비친 자기 모습을 보고는 다른 여우라고 생각한다. 여우는 둘에 비친 여우가 더 큰 고깃덩어리를 물고 있다고 잘못 판단하여, 그걸 뜯려다가 자기가 물고 있던 고깃덩어리를 물에 빠트려 잃어버린다.

그때 우리 어머니가 나에게 그 우화를 들려준 데는 아마 이유가 있었을 것이다. 어쩌면 내가 내 케이크 조각보다 누이의 접시에 있는 게 더 커 보인다고 생각했기 때문일 수도 있다. 사람을 떠올리게 하는 우화. 지붕 위에 있는 롤프의 참새는 아마 아무것도 기다리지 않을 것이다. 그저 기다림을 떠올리게 하는 것일 뿐. 내가 전혀 이해하지 못한다는, 아직은 이해하지 못한다는 롤프의 말은 정말 옳았다. 롤프는 중병에, 죽을병에 걸려 있었고 기다리는 중이었다. 무엇을 기다리는 게 아니라 그저 기다리는 것. 나는 롤프만큼 철저하게 살고, 집중하여 관찰하고, 격렬하게 즐기고, 끈질기게 놀고, 고집스럽게 슬퍼한 사람을 거의 알지 못한다. 그는 강하면서도 감상적인 시인이었다. 기다리는 참새 이야기를 포함하여 어떤 이야기든 아무 생각 없이 꺼내지는 않던 시인.

사람들은 침묵하며 그와 함께 탁자에 앉아 있을 수 있었고, 그와 함께 기다리려고 노력할 수 있었다. 나는 기다림의 시간 속에 있는 그를 무척이나 좋아했다. 언젠가 그가 침묵에서 깨어나 불쑥 입을 열었다.

"전원주택의 지붕 용마루에 앉아 있던 참새 기억하나? 크고 거만한 지빠귀 한 마리가 여름 내내 구리 공 위에 앉아 노래했지. 작은 참새는 공 옆에 앉아 커다란 새를 경탄하며 바라보았고, 지빠귀는 참새가 자기를 경탄하도록 두었네. 지빠귀가 먹이를 찾거나 주변을 둘러보러 잠시 자리를 비우면, 참새는 용감하게 얼른 공 위로 올라가 거드름을 피우며 노래하는 시늉을 했지. 이제 자기가 지빠귀니까. 하지만 지빠귀가 돌아오면 참새는 바로 내려와 다시 공 옆에 앉아 지빠귀를 올려다보았네. 늦여름 어느 날, 지빠귀는 돌아오지 않았어. 이사를 갔는지 사고를 당했는지 알 수 없지만, 어쨌든 더 이상 오지 않았지. 참새는 그때부터 공 옆에 앉아 기다리기 시작했네. 그 뒤로는 절대 공 위에 앉지 않아. 그저 옆에 앉아서, 지빠귀가 돌아와 공 위에 앉기를 기다리지."

새들도 기다림을 알까? 인간은 기다릴 수 있을까? 존슨은 오늘 아마 오지 않을 것이다. 오늘은 수요일이고, 수요일에 그가 오는 일은 드물다. 하지만 나는 롤프를 기다릴 때가 많다. 그가 이제 더 이상 오지 않는다는 사실을 이미 알고 있으면서도.

기다림을 기다리며

어느 들판, 울타리가 쳐져 있는 목초지에서 소들이 풀을 뜯는다. 목초지의 풀은 이제 거의 남아 있지 않다. 그 왼쪽에는 풀이 높게 자라 있다. 농부가 와서, 울타리에서 왼쪽으로 오십 미터 떨어진 곳에 말뚝을 박기 시작한다. 나는 시간이 조금 지난 뒤에야 농부가 뭘 하려는지 알아챈다. 소들이 벌써 울타리 아래쪽 구석으로 몰려온다. 농부는 이제 한참이나 지나야 옛날 울타리를 치우고, 소들에게 풀이 많은 다른 쪽 목초지로 향하는 길을 터줄 것이다.

소들은 기다리고, 기다리고, 또 기다린다.

이성적으로 볼 때 그럴 이유는 전혀 없다. 소들은 몇 마리 되지 않고, 새 목초지에는 풀이 많기 때문이다. 소들은 서로 밀치지 않는다. 아래쪽 구석으로 급하게 몰려오긴 했지만, 지금은 그저 지루하게 기다리기만 한다.

농부가 말뚝을 박으면—하나만 박아도—목초지가 넓어진다

는 사실을 소들은 어떻게 알까? 그리고 왜 이유 없이 기다릴까?

기차에서 안내 방송이 흘러나온다. "잠시 후 프랑크푸르트에 도착합니다." 그러면 승객들이 자리에서 일어나 재킷을 입고, 선반에서 가방을 꺼내들고는 복도에 줄을 선다. 그러나 여기서 말하는 '잠시 후'란 십이 분이다. 십이 분 동안의 기다림. 사람들은 혹시 프랑크푸르트를 고대하고 싶은 걸까? 그저 기차 안에서 경험하는 게 아니라 정말 고대하려는 걸까?

기다리기를 좋아하는 사람이 어디 있으랴. 기다리기를 싫어하면서도 우리는 왜 그렇게 열심히 기다릴까?

아마 기다림을 배웠기 때문일 것이다. 스물한 밤만 더 자면 오는 생일 기다리기, 크리스마스 기다리기, 그리고 드디어 12월 24일 당일이 되면, 이제 선물을 뜯어도 된다는 허락을 기다리는 그 긴 시간. 유치원 입학 기다리기, 학교 입학 기다리기, 잉크를 사용해도 좋다는 허락 기다리기, 열두 살이 되기를, 열여섯 살, 열여덟 살, 스무 살이 되기를 기다리고 또 기다리기. 그리고 마침내 아흔다섯 살이 되기를 기다리는 기나긴 기다림.

최상류층 가문의 신사 한 분이, 자기 할머니가 얼마 뒤에 아흔일곱이 되신다고 말했다. 그 말을 들은 세 명이, 그러면 당신 할머니는 라디오에 출연할 수 있다고 거의 합창하듯 대답했다.

신사는 깜짝 놀라, '알(R)'을 프랑스식으로 목구멍에서 우아하게 굴리며 대답했다.

"아니오! 우리, 우리—'우리'라는 말을 무척 강조한다—할머니는 라디오에 출연하지 않으십니다."

자기가 모든 것을 다 안다고 생각하는 바보 롤란트가 이제 나설 시간이다. 그는 신사에게 동사무소로 가서 할머니가 아흔일곱이 된다는 확인을 받으라고, 그러면 할머니가 라디오에 출연하여 축하를 받을 거라고 설명했다.

"아니오. 우리 할머니는 라디오에 출연하지 않으실 겁니다."

최상류층 가문의 신사는 반론의 여지가 없는—그래도 어쨌든 싹싹하기는 한—억양으로 대답했다. 롤란트가 다시 설명하고, 당신 할머니는 사실 벌써 두 번이나 라디오에 출연했어야 하는데 그 기회를 놓쳤으니 이번에는 꼭 동사무소에 가서 확인을 받아라, 기타 등등, 기타 등등도 같이 언급했다. 그 신사는 "아니오, 우리 할머니는 아닙니다"라고 대답했다.

설왕설래가 끝없이 이어졌다. 그 신사가 계산을 하고 사근사근하게 인사하며 술집을 떠나지 않았더라면, 논쟁은 아마 영원히 이어졌을 것이다.

그러나 롤란트는 같은 주제를 계속 물고 늘어졌다. 그는 스물

여덟 살이다. 혹시 라디오 출연을 평생 기다리는 건 아닐까? 그 나이가 되려면 이제 육십칠 년만 기다리면 된다.

롤란트는 살면서 이루어놓은 게 별로 없다. 앞으로도 많이 이룰 것 같지는 않다. 그가 지금까지 기다렸다가 이룬 것이라고는 운전면허증 따기, 군대에서 상사 되기, 우편집배원으로서 다른 지역을 담당하기뿐이었다. 지금은 라디오에 출연하기만 기다린다. 그렇다면 무진장 장수하기.

"귀하 앞에서 저는 체념이라는 슬픈 무기를 들어야겠군요."

자신의 저서 출간이 며칠 늦어지자, 스위스 작가 로베르트 발저(Robert Walser)가 발행인에게 쓴 글이다. 긴긴 기다림, 기다림 그 자체.

오래전 어느 마을에 살던 동네 바보요 술꾼인 남자는, 사람들이 뭘 하느냐고 묻는 말에 늘 "기다려"라고 대답했다. 뭘 기다리는지 물으면 그는 눈길을 허공으로 향한 채 대답했다.

"아무것도."

아마 "아무것도 아니라는 그걸 기다려"라고 대답할 수도 있었을 것이다.

그러니까 우리는 결국 그것을, 다시 말해서 무(無)를 기다리는 건가? 아니면 육십칠 년 뒤에 라디오에 출연하기를?

우리는 왜 기다리는 걸까? 왜 기차가 도착하기 한참 전부터 복도에 서서 기다릴까? 아마 우리가 기다림만큼 고통스럽게 배운 건 없기 때문일 테지. 유치원과 학교 입학 기다리기, 졸업 기다리기, 은퇴 기다리기, 그리고 어쩌면 기다림조차 기다리기. 병원에 약간 일찍 도착해서 그 앞을 오가며 기다리기, 이 기다림이 끝나면 대기실에서 또 기다리게 되리라는 것을 알면서도. 기다림의 기다림을 기다리기.

오늘은 일요일

송아지 고기 스튜, 으깬 감자, 야채 샐러드. 연한 송아지 고기 스튜는 하루 전에 뼈를 살짝 구워 물에 넣고 약한 불에 오랫동안 뭉근히 익힌 뒤, 손질하고 양념해서 맛을 본 다음 통후추와 양파와 마늘, 감자와 셀러리, 파 약간을 넣고 요리한 것이다. 으깬 감자도 직접 만들었는데, 파티라도 하듯 아주 공들여 요리했다.

하지만 나는 혼자다. 혼자 먹으려고 만든 요리다. 오늘은 일요일이다. 일요일에는 '일요일의 진수성찬'이 있어야 한다. 접시를 잘 늘어놓고 상을 차린다. 일요일이니까.

식탁에 앉았는데 갑자기 지극히 평범한, 양파 링을 곁들인 구운 소시지와 담백한 스파게티가 먹고 싶다는 생각이 든다.

그러나 오늘은 일요일이다. 일요일에는 좋든 싫든 일요일의 진수성찬을 먹어야 한다. 맛은 별로 없다. 머릿속에 구운 소시지가 들어 있으니.

우리 아버지가 어릴 때 살던 집 근처엔 일요일 아침마다—정말 일요일에만—〈오늘은 일요일〉이라는 노래를 깍깍거리는 앵무새가 있었다고 한다. 아버지에게서 들은 이야기다.

일요일이면 이 이야기가 생각난다. 그것뿐 아니라 우리 아버지 생각도. 아버지는 일요일이면 '일요일 의복—셔츠, 넥타이, 연한 회색 정장—'을 입었고, 오후에는 '일요일 산책'을 갔다. 지겨웠던 일요일의 산책. 긴 우산을 들고 양모 모자를 쓴 아버지는 등을 굽힌 채 성큼성큼 앞서갔고, 어머니와 나—그리고 나중에는 여동생도—는 마지못해 따라갔다. 그래야 했다. 일요일과 일요일의 산책. 교양 있는 가정은 일요일마다 산책을 했다. 일요일 의복과 일요일 스테이크와 일요일 산책.

일요일 의복이 새로 생기면, 그동안 입던 일요일 의복은 평일에 입는 평상복이 됐다. 페인트공이었던 아버지는 양복에 넥타이를 매고서 자전거를 타고 일하러 갔다. 다른 사람들이 일요일에 입듯 차려입었지만 그 옷은 평일의 옷이었고, 모자는 쓰지 않았다. 모자와 우산, 그건 일요일이라는 뜻이었다.

아버지는 열정적인 등반가이기도 했다. 등반을 할 때는 다른 등반가들처럼 옷을 입었다. 일요일에 산에 오르기도 했는데, 그럴 때면 산책은 생략됐다.

나는 지금 스튜를 앞에 두고 앉아 있다. 예전에 행하던 '일요일의 의례(儀禮)' 가운데 유일하게 남은 보잘것없는 찌꺼기다. 내 직업은 근무 시간이 정해져 있지 않다. 나에게 월요일은 특별한 날이 아니고, 금요일도 마찬가지다. 나의 일주일은 분할을 모른다. 그럼에도 오늘이 월요일이라는 것, 오늘이 화요일 또는 수요일이라는 사실은 내게 여전히 중요하다. 그리고 오늘은 바로 일요일이다.

점심시간에 공장 문을 나서며, 식사 맛있게 하라고 서로 인사하는 사람들이 가끔 부러울 때가 있다. "맛있게 드쇼!" 누군가 나에게 주말 잘 보내라고 인사하면 화들짝 놀란다. 평일을 보낸 사람이라야 주말이 있으니까. 나도 분명히 평일을 보내긴 했는데, 어딘지 모르게 안 보낸 느낌이다. 주간 시간표에 따라 움직이는 교사로 일한 적이 있지만, 교사들은 같은 시간에 함께 학교 건물을 나오지 않았으므로 저녁 시간 잘 보내라는 인사를 나누지 않았다.

그래서 나에게 특별하게 남은 요일은 일요일뿐인데, 이날도 도무지 제대로 돌아가지 않는다. 어린 시절엔 일요일의 의례—산책, 조심스럽게 입어야 하는 일요일 의복—를 끔찍하다고 생각했지만, 의례가 없는 일요일은 더 이상 일요일이 아니다.

의례는 이제 나뿐만 아니라 우리 모두에게서 점점 더 많이 소멸되는 것 같다. 교회는 무관심뿐만 아니라, 무엇보다도 우리가 '탈(脫)의례적'으로 살기 때문에 비어 있다. 선술집은 남자들이 더 이상 술을 마시지 않아서가 아니라, 음주가 탈의례적이 되었으므로 비어간다. 퇴근 후 다섯 시에서 여섯 시 사이—더 오래 마시기도 한다—에 마시는 맥주는 술과도 물론 연관이 있지만 의례 가운데 하나였다. 지극히 사적인 모임에는 의례가 필요하지 않다. 맥주는 맥주일 뿐이고, 집에서 마시면 더 싸니까.

의례가 필요한 곳은 공동사회뿐인데, 이 공동사회는 이제 사적(私的)으로 변했다. 시간이 지날수록 우리 모두는 게토에 살게 된다. 호화스러울 때도 있긴 하지만, 탈의례화한 게토에.

일요일의 산책. 그렇다, 나는 우리 부모님이 자기 자신을 위해서가 아니라 이웃들 때문에 일요일에 산책을 하는 게 아닌지 늘 의심스러웠다. 교양 있는 가족은 산책을 하니까. 자기 자신을 위해, 오로지 자기 자신만을 위해서는 도무지 할 수 없는 일요일의 산책.

그렇다, 나는 산책을 가지 않을 것이다. 일요일 의복을 사지 않고, 예전에 입던 일요일 정장을 평일에 입어 닳게 만들지도 않을 것이다. 그런 의례 때문에 너무 힘들었다. 더 이상 의례를 치르지 않게 되자 나는 해방됐다고 느꼈다. 이제 자유를 누리긴 하는데, 일요일은 더 이상 일요일이 아니다.

그럼에도 불구하고 나는 오늘이 일요일이라는 걸 알고 있다. 왠지 모르게 일주일 내내 일요일을 기다린다. 금요일이나 토요일에는 일요일을 기대하며 장을 본다.

그러고는 스튜 앞에 앉아, 평일에 먹는 구운 소시지를 갈망한다. 구운 소시지가 외로움을 덜어주리라고 상상하며.

사라져가는 것들에 대한 향수(鄕愁)

에밀 덕분에 나는 역(驛)을 알게 됐다. 그는 목적지를 불문하고 모든 기차 시간표를 외우던 사람이다. 아마 스스로는 기차를 타본 적이 없는 듯한데, 며칠씩이나 역에 서서 다른 사람들 눈에 띄지 않게 조심하며 기차 번호와 기관차 종류를 혼자 나직하게 말했다. 금지된 게 많은 사람이라, 언젠가는 역에서도 쫓겨날까 봐 두려워했으므로.

나는 에밀을 존경했다. 그는 내 눈에 진정한 어른이었다. 알아야 할 것을 모두 아는 사람. 그리고 시간이 많은, 그것도 아주 많은 사람. 나는 에밀과 같은 어른이 되고 싶었다. 그가 떠오를 때마다, 이런 내 소원은 거의 이루어질 뻔했다는 생각이 든다.

내가 그에게서 뭘 배웠는지는 모르겠다. 그러나 무척 많이 배웠다는 것, 그리고 그가 나에게 많은 영향을 준 사람 가운데 한 명이라는 것은 알고 있다. 예를 들어 역에 있을 이유 없이, 그러니까 특별히 하는 일 없이, 감탄하며 무언가 구경하거나 자세히 관찰하지 않고서도 그저 거기서 서성이는 법을 배웠다. 그냥 여기 있기, 그냥 존재하기, 그냥 살아 있기.

에밀은 지적장애인이었다. 그 생각은 훨씬 나중에, 그가 죽은 지 한참 지난 뒤에야 들었다.

내가 아주 어렸을 때는 그가 다른 모든 사람들과 다르다고, 무척 다르다고만 생각했다. 에밀의 세상은 아마 다른 세상과는 다를 거라는 생각도 했다.

그래서 나에게 역은 그런 다른 세상의 중심이 됐다.

역은 내가 도주할 때면 찾아가는 목적지가 됐다. 기차 여행은 나를 역으로 데려다주었다. 슬픔이 나를 역으로 이끌었고, 분노와 기쁨도 그랬다.

약간 점잖지 못한 일—자동판매기에 1바첸(10라펜짜리 동전. 100라펜은 1프랑켄, 스위스의 화폐 단위는 '스위스프랑'이며, 독일어 사용 지역에서는 '프랑켄'으로 표기한다)을 넣으면 나오는 담배 세 개비, 20라펜을 내면 요지경으로 볼 수 있는 미키마우스 영화—을 할 때도 나는 역으로 갔다. 나중에는 역 구내식당에도 갔다. 2등급 또는 3등급일 때도 있던 역 구내식당.

이곳에는 다른 세상의 등장인물들도 있었다. 실패하는 중이거나 이미 실패한 사람들, 허풍쟁이와 사기꾼들, 의욕이 있거나 없는 사람들, 그리고 전쟁이 끝난 뒤부터는 이탈리아 사람들도 눈에 띄었다. 역에 있으면 고국이 약간 가깝게 느껴졌으니까.

그때는 이미 남아 있는 증기기관차가 몇 대밖에 없었지만, 그 연기는 왠지 모르게 십 년 이상 남아 있었다. 내 손이 검으면 어머니는 언제나 "또 역에 갔다 왔니?"라고 묻곤 했다.

고향은 유리와 강철로 이루어진 게 아니라 언제나 냄새를, 특히 양배추와 파 또는 탄 음식과 같은 부엌 냄새를 품고 있다. 그러나 이제 이런 것들도 사라졌다. 우리는 이제 뢰스티(스위스식 감자전)가 갈색이 되면 안 되고, 가장자리가 검게 타면 더더욱 안 된다는 사실을 잘 알고 있다. 타지 않고 노릇노릇하게만 구운 뢰스티도 아마 좋을 테고 어쩌면 더 훌륭할지도 모르지만, 이런 것은 더 이상 뢰스티에 대한 추억을 떠올리게 하지 않는다. 아무것도 기억나게 하지 않는다면 품질이 무슨 소용이 있을까?

역이 더 이상 역에 대한 추억을 생각나지 않게 하는 것도 마찬가지다. 역은 얼마나 깨끗해졌는가. 정말 놀라울 정도다. 역에 다녀와도 이제 내 손은 지저분해지지 않는다. 역은 쇼핑센터처럼 살균됐고, 공항처럼 세계화되고 규격화됐다. 고향을 떠나온 이탈리아 사람들이 향수에 젖어 쓸쓸한 마음에 그냥 서성인

적이라고는 한 번도 없는 공항. 기차는 비행기처럼, 역은 공항처럼 변했다.

우리는 환경보호를 강조하느라 세상을 보호해야 한다는 사실은 잊어버린다. 환경보호에 근본적으로 실패하기 때문에, 대재난이 분명히 오리라는 것을 알기 때문에, 이산화탄소 배출량 감소에 성공하지 못하리라는 것을 알기 때문에, 그러니까 환경을 어떻게 하지 못하리라는 것을 알기 때문에, 우리는 적어도 세상을 깨끗하게 만들려고 한다. 멸균 상태가 될 때까지 청소하기. 기차 모형 만세, 스위스연방 철도회사 만세! 연기도, 세균도, 먼지도 없지만 인생과도 멀어진 기차.

아니, 나는 지금 얼마 전에 제정된 기차에서의 흡연 금지에 대해 쓰고 있는 게 아니다. 흡연 금지는 사람들이 매일 하는 질문, "지금 뭐해?"보다는 짜증이 덜 난다.

여기에 대한 내 생각은 간단명료하다. 나는 흡연 금지를 좋아한다. 흡연 금지는 예전에 학교 다닐 때 학교 건물 뒤에서 피우던 담배처럼, 흡연을 매력적으로 금지시킨다. 그리고 나는 담배를 피우지 않고서도 기차를 탈 수 있고, 기차를 놓치는 것도 좋아한다.

하지만 이제 어느 역에서 기차를 놓쳐야 할까? 나는 공항을 좋아한 적이 한 번도 없다. 공항은 나와 이탈리아 사람들과 에밀에게는 지나치게 위생적이었다. 공항은 만나기를 원하지 않는 사람들이 만나는 곳이다. 공공장소는 사적으로 변한다. 새로운 파티 사회에는 공공장소가 더 이상 필요하지 않다.

과거가 없는 자그마한 술집

초대 받아 간 친구 집에서 어린 소녀를 만났다. 부모님과 함께 온 어린 소녀는 문으로 들어서다가 뭔가를 보고는 깜짝 놀란 목소리로 말했다.

"옛날에는 이렇지 않았는데!"

과거를 소유하는 일은 이렇게도 일찍 시작된다! 과거, 그러니까 옛날이 지금보다 나은 이유는 지금보다 뭔가 하나 더 있기 때문이다. '추억'이라는 것. 여기에는 모든 것이 지금과 아주 달랐을 때 자기도 그걸 경험했다는 기억도 포함된다. 노화 현상 중 하나다. 앞에서 말한 어린 소녀도 겪는 노화 현상. 이 현상은 얼마나 일찍 시작되는가. 그리고 우리는 어린 소녀도 나이가 있다는 걸 얼마나 쉽게 잊고 사는가.

언젠가 이 소녀가 했던 말이 다시 생각나자, 몇 년 전 이 세상에서 가장 금색한 술집에 몇 시간 동안이나 나와 함께 앉아 있던 나이 든 남자가 떠올랐다. 시장에서 파는 싸구려 탁자 몇 개와 싸구려 천—이 천은 색깔만 잿빛인 게 아니라 냄새조차 잿빛이었다—을 덧씌운 의자 몇 개, 거칠게 대패질만 하고 니스 칠은 하지 않은 전나무로 만든 판매대. 이 모든 가구가 아직 새 것이고 한 번도 사용된 적이 없을 거라는 인상이 그곳 전체를 더욱 남루하게 보이게 했다. 그곳에는 우리 둘뿐이었다. 주인도, 음료를 날라다 주는 종업원도 없었다. 그는 판매대 뒤에서 음료수를 직접 가지고 와, 내 잔을 탁자 위로 밀어주었다. 그 술집은 이름도 없었다. 아마 술집이라고 불리지도 않았을 것이다.

그때 나는 이미 오래전부터 그 노인을 알고 있었다. 그가 누구인지 알고 있었다고 하는 게 더 정확할 것이다. 어쩌면 둘 다 아닐 수도 있고. 그는 인생에서 뭔가를 이룬 사람이었다. 다시 말해서 부유했고, 자기 분야에서 성공을 거둔 유명한 기업인이었다. 거대한 전원주택, 개인 운전사, 정원사, 엄청난 자동차 따위로 자신의 부를 과시하기도 했다. 그의 자동차는 메르세데스나 베엠베가 아니라 미국 제품이었는데, 차 이름과 차종을—몰라서 그랬는지 아니면 고집을 피우느라 일부러 그랬는지—언제나 독일식으로 발음했다. 그의 아내는 아름답고 사람들 눈에 잘 띄는 여성으로, 미국산 자동차와 마찬가지로 그럭저럭 그에게 잘 어울리기도 하고 안 어울리기도 했다. 아니, 그는 허풍쟁이나 사기꾼은 아니었다. 술이 약간 들어가면 베르톨트 브레히트의 작품에 등장하는 '푼틸라 씨'처럼 무척 친근하고 싹싹했다.

그것 외에는 그에 관해 알려진 게 별로 없었다. 그는 전쟁 후에 독일에서 부자가 되었다. 전쟁이 휩쓸고 지나가면 악인이나 반쯤 악한 사람들의 전기(傳記)뿐 아니라 반쯤 선한 사람들의 전기까지도 없어지기 마련인데, 그는 이렇듯 반쯤 선한 사람이었던 것 같다. 어쩌다 보니 적시 적소에 있었고, 그렇게 회사와 부를 소유하게 되었다. 그는 가난한 집 출신이었다. 그의 아버지는 부잣집의 정원사였다. 지금의 그처럼 부유한 사람의 집에서, 지금 그의 집에서 일하는 정원사처럼 일하던 정원사. 초라하고 텅 빈 그 술집에서 그는 이런 어린 시절 이야기를 잠깐 하다가 깜짝 놀라 중단했다. 이런 이야기가 자신의 전기를 망치게 될까 봐 두렵다는 듯이.

아니, 나는 그의 전기에 지나치게 나쁜 요소들이 있었으리라는 의심은 절대 하지 않았다. 그러나 그는 부를 쌓아 많은 근심을 덜었지만, 과거가 있다는 사실마저도 떨쳐버렸다. 그에게는 오직 미래만 있었다. 나이가 많이 들고 보니 이제 아주 조금밖에 남지 않은 미래.

그래서 이미 나이가 있고, '옛날'도 있고, 과거도 있는 어린 소녀를 보니 문득 그가 떠올랐다.

그는 과거 없이 살았다. 말하자면 그는 더 이상 자기 과거에 속하지 않는 사람이었다. 과거는 그를 떠났다. 커다란 미국 자동차를 샀다는 과거, 어떤 여자와 결혼했다는 과거조차도. 아마도 경영인들이 즐겨 이야기하는 '긍정적인 사고'가 바로 이런 것이겠지. 현재와 약간의 미래만 소유하기.

그는 자기 자동차들은 가끔 언급했지만 아내 이야기는 절대 하지 않았다. 사람들이 주변 사람들에게 그의 아내에 대해 물으면 늘 똑같은 이야기를 듣는다고 했다.

"굴뚝 청소부가 그 집에 가면 들어가기 전에 잔디밭에 누워야 해요. 그러면 그 부인이 진공청소기로 머리끝부터 발끝까지 먼지를 빨아들여요."

사람들은 그녀에게서 그가 지하실에 자그마한 술집을 차려놓았으며, 집에 있을 때면 언제나 그곳에만 머물며 책을 읽는다는 사실을 알아냈다. 그곳에서 손님을 맞은 적은 거의 없다는 것도.

나는 그 술집을 부러워했다. 그때 내가 그와 함께 앉아 있던 곳이다. 그가 잃어버린 과거를 찾고 있던 술집, 아마 자기 아버지가 자주 가던 술집과 같은 모습이었을 그 술집. 그러나 그의 술집은 새 것이었다. 거기에 과거의 푸른 녹은 없었다.

선불 버스표와 선술집

내가 어릴 때 가지고 있던 물건 중에 선불 버스표만큼 자랑스러웠던 물건도 거의 없었던 것 같다. 두꺼운 갈색 종이에 스무 개의 칸이 있는 작은 카드였는데 한 번 탈 때마다 버스 운전사가 펀치로 구멍을 하나씩 뚫어주었다. 버스표 가격은 5프랑켄이었다. 당시에 5프랑켄은 많은, 그것도 아주 많은 돈이었기 때문에 아직까지도 기억하고 있다. 우리 어머니가 그렇게 많은 돈을 생활비에서 어떻게 떼어낼 생각을 했는지 모르겠다. 버스를 타도 등교 거리는 삼 분의 일 정도만 줄어들 뿐이어서 그런 버스표는 사실 불필요했기 때문이다. 버스 정류장까지 걸어서 십 분, 버스 타고 오 분, 정류장에 내려 학교까지 걸어가는 데 다시 십 분······. 그냥 걸어 다녀도 걸리는 시간은 거의 같았을 테니 정말 필요 없는 지출이었다. 어머니가 왜 그런 걸 사줬는지 지금도 의문이다. 아마 내가 크리스마스나 생일 선물로 사달라고 했거나, 그게 나에게 아주 다급하게 필요하다는 걸 어머니가 아셨을 수도 있다. 버스를 타고 다니기 위해서가 아니라 소속감을 느끼기 위해, 버스를 타고 다니던 친구들 그룹에 속하기 위해. 운전사를 아는 승객, 그리고 운전사가 아는 승객 가운데 한 명이 되기 위해.

나는 버스표를 조심스럽게 다루었다. 스무 번짜리 표는 반 년 또는 그보다 더 오래 타기에 충분했다. 버스를 타는 것보다 소속감이 더 중요했다.

내가 산 대중교통 일반 정기권, 그리고 오늘 버스 앞쪽에 서서 운전사와 이야기를 나누던 승객들 때문인지 옛날 버스표가 생각났다. 축구나 그날 뉴스뿐 아니라 버스 운전과 운행 시간과 업무 계획에 관한 이야기를 나누는 승객들, 운전사와 함께 전 구간을 여러 번 왕복하는 승객들. 이들은 같은 소속감을 느낀다. 나는 이들의 행동을 당연히 이해한다. 예전에 선불 버스표 덕분에 느낀 자랑스러움, 그리고 그와 더불어 생긴 소속감이라는 자랑스러움이 생각난다.

버스 운전사가 나를 안다는 사실이 자랑스럽다. 나는 오늘날의 정기권으로 버스만 타는 게 아니라, 말하자면 운전사도 방문하는 것이다. 우리는 서로를 알고 있고, 이야기도 약간 나눈다. 그는 운전사인 동시에 손님을 접대하는 주인이다. 운전사는 버스 그 자체다. 음식점의 주인이 그 음식점 자체이듯이.

오래전 티치노 주(州)에 살 때 알던 린다가 떠오른다. 그녀는 음식점 주인으로 나이가 꽤 많았다. 그녀를 아는 사람들 중에 특히 그녀가 자기를 알아보는 사람들은 이를 무척이나 자랑스러워했다. 그녀가 운영하던 레스토랑에 기름이 있기나 했는지 모르겠다. 있었다고 해도 아마 다른 사람들도 몰랐을 것이다. 사람들은 린다에게 갔으니까. 린다는 아름답지도, 그다지 싹싹하지도 않았다. 변덕스럽고 시끄러웠으며, 아무 음식이나 내키는 대로 요리했다. 음식은 맛있었다. 그녀가 요리를 조금 못했다고 하더라도—그런데 요리를 못했으리라는 상상은 되지 않는다—사람들은 아마 린다에게 갔을 것이다. 린다는 사실 주인이 아니라 음식점 그 자체였다. 미식 평론가들의 '가격 대비 만족'이라는 궁색한 평가가 맞지 않는 음식점. 그녀가 곧 음식점이었다. 바로 이 점이 '손님이 왕'이 아닌 그곳의 큰 매력이었다. 그녀는 여왕이었다. 권력은 그녀가 쥐고 있었고, 호의도 그녀가 베풀었다. 그녀에게 오는 사람들은 여왕을 알현하는 것이었고, 여왕의 손님이 됐다는 감격적인 느낌을 즐겼다. 이런 우아함에 비하면 "손님은 왕이다"라는 진부한 문구는 얼마나 초라한가.

왕이 되어 신하들을 찾아가는 데 재미를 느끼는 사람도 아마 무척 많을 것이다. 그러나 나는 그들 자신이 위인인 사람들, 자기 의견을 지녔으며 이를 뚜렷하게 밝히는 사람들, 자기 기분과 고집을 지닌 사람들을 방문하는 게 더 좋다. 나는 술집에서 손님일 뿐 아니라 방문객도 되고 싶다.

그렇다, 둥근 탁자에 둘러앉은 노인들의 변함없는 이야깃거리 중의 하나는 사라지는 선술집에 관한 것이다. 그럴 때면 아름답고 편안한 작은 음식점들, 이제는 더 이상 존재하지 않는 그 장소들이 하나하나 열거된다. 그곳에는 물론 주인이 있었다. 음식점 '꽃'의 리즈베스 또는 마마 라바니니가 손님들에게 얼마나 욕을 잘했는지, 손님들 버르장머리를 어떻게 고쳐주었는지, 얼마나 불친절하게 굴었는지 이야기한다. 그리고 손님들이 제국의 여왕이었던 그 주인들을 얼마나 사랑하고 존경했는지도. 어쩌면 선술집이 사라지는 게 아니라 여왕들만 죽는 것인지도 모른다.

나는 상당히 고집이 세고, 공화제에 찬성하므로 진짜 왕들은 좋아하지 않는다. 하지만 아는 버스 운전사를 만나거나 기차에서 승무원이 말을 걸거나 길에서 경찰이 인사를 하면 기쁘다. 슈테파니나 릴리를 방문하는 것도 좋아한다. 내가 왕들보다 더 싫어하는 게 있기 때문이다. 그건 바로 내가 왕이 되어야 하는 것이다.

과거의 눈송이

취리히에서 졸로투른까지, 갑작스러운 우회 때문에 길어진 기차 여행. 승객들은 우회와 환승으로 인해 네 시간 반이나 기차에 갇혀 있어야 하는 상황을 어딘지 모르게 약간 즐기기 시작했다. 하나둘씩 차례로 신문을 옆으로 밀쳐놓았다. 점차 시계를 들여다보지 않게 되었고, 여기가 어디쯤인지 더 이상 듣지도 않았다. 그저 좌석에 앉아서 기차를 타고 가기만 했다. 아니, 그렇다고 서로 이야기를 많이 나눈 것도 아니었다. 그저 몇 마디 지나가듯 언급하는 말과 유머 몇 토막뿐. 영업시간이 지났지만 임시로 문을 연 식당차에는 지적장애인 한 명이 앉아 있었다. 그가 프랑스어를 아주 천천히 공들여 말했으므로, 독일어 사용 지역에 사는 스위스인 승객들도 학교 다닐 때 배운 프랑스어를 써먹을 기회가 생겼다. 그 덕분에 승객들 사이에 일종의 공동체가 만들어졌다. 나는 사람들의 느긋함에, 특히 나의 느긋함에 깜짝 놀랐다. 지적장애인에게는 이 상황이 느긋함 이상의 의미가 있어 보였다. 그에게는 오로지 '지금'이 중요한 듯했다. 그 역시 지금 이 상황이 특수 상황이라는 걸 알고 있었고 기차에도 익숙했다. 그러나 자기 자신과 자기 주변에 무슨 일이 일어나든, 상황이 어떻든 간에 그에게 중요한 것은 '지금'이었다. 내일 일을 걱정하지 않는, 들에 핀 백합화. 그의 '지금'은 점차 나의 '지금'이 되고, 취리히는 다시 내 어린 시절의 그 때로 아주, 아주 멀어져갔다. 국가가 수립될 무렵인 백오십여 년 전의 장소로, 졸로투른에서 몇 시간이나 떨어진 곳으로.

여러분이 '지금' 이 글을 읽을 때면 눈은 아마 사라지고 난 뒤일 것이다. 여러분이 이 글을 읽는 '지금'이 봄처럼 좋은 날씨라면 좋겠다. 우리는 엄청나게 내린 눈을 분명히 금방 잊어버리고, 그 눈을 화이트 크리스마스에 대한 소원처럼 기억할 것이다. 축축하고 귀찮은 눈이 아니라, 솜처럼 부드럽고 하얀 '화이트 크리스마스'의 눈.

지금 일곱 살인 아이들의 기억에도 눈은 그렇게 남을 것이다. 아이들은 이제 곧—십 년, 이십 년 또는 오십 년 뒤에—예전에는 겨울이 겨울다웠다고, 눈도 높이 쌓일 만큼 정말 많이 왔다고, 11월부터 3월까지 내렸다고 이야기하겠지. 우리는 지금 이미 과거에 산다. 이야기할 게 생겨 조용히 기뻐하던 승객들처림. 무언가에 대해 이야기한다는 것은 언제나 과거 형태이며, 우리에게 위안을 준다. 오직 그 이유에서 우리는 과거에는 모든 것이 더 좋았다는 치명적인 오류에 계속 빠진다.

그건 그렇고, 기차 안에서 눈 이야기는 거의 하지 않는다. 3월이 내리는 눈인데도 아무도 놀라지 않는다. 이미 일기예보에서 그렇게 말했으므로. 날짜와 시간, 내리는 양까지 정확하게.

예전 사람들은 일기예보에 대해 독특하게 말할 때가 많았다.

"일기예보가 눈을 원하더군."

마치 일기예보가 뭔가 원하거나 만들어낼 수 있다는 듯이! 그러나 그럴 수 없다는 것을 모두 알고 있었으므로, "일기예보가 눈을 원한대"라는 말에는 뭐랄까, 위안이 들어 있었다.

'원하긴 하지만 아마 안 될지도 몰라.'

그러니 눈을 좋아하지 않는 사람은 내리지 않기를 기대할 기회가 남아 있는 셈이었다. 그때는 일기예보에서 날씨가 좋지 않다고 해도 말만 잘하면 선생님을 설득해 소풍을 갈 수도 있었고, 그렇게 소풍을 갔는데 정말 날씨가 좋을 때도 있었다. 비와는, 햇살고 안개는 과학적인 일기예보에도 불구하고 여전히 '우연히' 이루어질 가능성이 있었다. 당시의 미래는 이미 망친 것도, 금빛으로 빛나는 것도 아니었다. 오래전부터 농부들이 따르는 날씨에 관한 격언이 일기예보보다 옳을 때도 있음을 깨닫는 기쁨은 무척이나 컸다. 농부들의 격언이 올해 맞지 않았더라도 다음 해에 다시 기회가 있었다. 나는 적어도 일기예보가 잘 맞지 않던 어린 시절을 보낸 게 기쁘다. 일기예보에서 비가 온다고 해도 눈을 기다리고, 날씨가 추워진다고 해도 따뜻하기를 기대할 수 있었으니까.

나는 점점 나아지는 예보의 정확성에 감탄한다. 그게 꼭 필요하다는 것도 인정한다. 예측은 새로운 게 아니다. 미래를 향한 호기심 어린 시선은 아마 인간이 처음 존재할 때부터 있었을 것이다. 나는 점성술을 전혀 믿지 않지만, 이 별점의 예보는 어딘지 모르게 일기예보보다 낫다. 온갖 위협과 전망에도 불구하고 내 미래를 나에게 남겨두므로. 봄과 여름이 오리라는, 그동안의 경험 덕분에 전혀 모르지는 않는 미래도 포함하여. 그러나 큰 눈 때문에 너무 오래 걸린 취리히발 졸로투른행 기차에서 우리는 '오늘'이 아닌, 일기예보 속의 과거를 살았다. 미래에는 늘 희망이 없다. 우리가 미래를 알 때는.

우리가 아직 기다릴 수 있던 시절에

예전에 어느 작은 동네의 바보에게 뭘 하는지 물으면, 그는 늘 "기다려!"라고 대답했다. 모든 사람이 그에게 묻고 또 물었고, 모두 그의 대답도 알고 있었다. 도대체 뭘 기다리는지 물으면 그는 "뭘 기다리는가 하면……"이라고 말하고는, 생각해내려고 한참 동안 애를 쓰다가 '뭐냐 하면…… 믁냐 하면…… 그냥 기다려"라고 대답했다.

아무것도 아니라는 바로 그것을 기다린다고 말할 수도 있었을 테지만, 그는 그렇게 대답하지 않았다. 그는 철학자가 아니었고, 그의 기다림에도 별 의미는 없었다. 그는 그냥 기다렸고, 그냥 거기 있었다.

나는 왜 기차가 취리히에 도착하기 오 분 전부터 승객들이 기차 복도에 길게 줄을 서서 기다리는지 스스로에게 묻곤 한다. 바쁘다는 것과는 관계가 없을 것이다. 모두 똑같은 시간에 도착하게 될 테니. 하지만 이들은 취리히를 기다렸다. 한 시간 또는 두 시간씩이나 기다렸다. 동네 바보와는 달리 그냥 기다린 게 아니라 특정한 어떤 것, 그러니까 취리히를 기다렸다. 그리고 이 취리히에 이제 오 분 뒤면 도착한다. 기다림은 드디어 끝난다. 고통으로 인식된 기다림. 하지만 동네 바보는 기다림을 고통이라고 생각하지 않았다. 그에게 기다림은 존재 자체에 가까웠다. 평생 기다리기, 오로지 기다리기.

나는 글을 읽거나 쓰기 위해 기차를 탈 때가 많다. 조바심은 읽기와 쓰기의 적(敵)인데, 기차는 나를 인내심 있는 사람으로 만든다. 하지만 내가 취리히나 프랑크푸르트 또는 베를린으로 가고 싶거나 가야 해서 기차를 타는 경우도 자주 생긴다. 사실, 이때 역시 일을 하기에 좋은 기회다. 그러나 이런 식으로 목적지가 정해져 있으면 기차에서 글을 쓰기가 불가능해진다. 이때의 기차는 나에게도 조바심치는 장소가 되고, 기다림 자체가 힘겨워진다. 내가 무엇을 기다리는지―예를 들면 베를린―알고 있기 때문이다. 목적지에 언제 도착하는지―17시 24분, 베를린 도착―상당히 정확하게 예고되는데도, 아니 사실은 그래서 더 끔찍하다. 예고는 기다림을 고통스럽게 만든다. 예고는 기다림을 방해하니까. 우리는 더 이상 기다릴 수 없다.

투표 결과를 기다리던 시대도 아마 있었을 것이다. 곰곰이 생각해보니 나도 그런 시대를 직접 겪었던 것 같다. 예측과 설문과 최종 예상 득표수 산출이 없는 선거들. 흐릿하게만 기억한다. 선거 결과를 정말 기다리던 그 당시에는 내 표의 가치가 조금 더 높았던 것 같다. 그때도 나는 언제나 패자 쪽에 표를 던지기는 했지만. 이제 내 표는 시민의 의무를 행하는 게 아니라, 여론 연구가들의 연구 결과를 증명할 뿐이다. 오차의 의외성은 기껏해야 기차가 삼 분 연착하는 정도에 불과하다. 예측은 내 표를 하찮게 만든다. 정확한 도착 시간으로 운행하는 기차 시간표가 내 기다림을 우습게 만들듯이.

아까 이야기한 옛날 그 작은 마을에 살던 다른 남자도 떠오른다. 그는 평생 한 번도 투표를 놓친 적이 없었는데, 시종일관 무효표를 찍었다. 그는 선거와 투표에 관한 모든 법률에 통달했고, 무효표를 만드는 온갖 방법들도 알고 있었다. 약간 괴짜 같기는 해도 불행해 보이는 인상은 아니었다. 그는 산꼭대기에 살았으므로 투표소까지 한 시간이 넘는 먼 길을 와야 했다. 투표가 끝나면 술집에 앉아, 투표 결과가 시청 게시판에 나붙을 때까지 기다렸다. 결과가 나오면 그곳으로 가서 자기가 행사한 표를 보았다. "무효: 한 표" 그의 표가 뚜렷하게 드러났다. 그때 선거 예측이라는 게 있었더라도 단 하나의 무효표인 그의 표는 결코 예측되지 않았을 것이다. 그것은 유일하고도 독창적인 표였다. 그는 민주주의가 제대로 작동한다는 것에 만족하여 기분 좋게 집으로 돌아갔다. 표를 제대로 세었다고, 자기 표가 제대로 인식됐다고 안심하며.

아니, 이건 내가 그의 정치적 태도를 옳다고 생각한다는 뜻은 아니다. 하지만 그의 고집스러운 느긋함, 세 시간 동안 술집에서 조용히 결과를 기다리던 모습은 나를 감동시켰다.

그에 비하면 최종 예상 득표수 산출이라는 히스테리, 컴퓨터 예측은 완벽하게 불필요하다. 기다림을 방해하고 사람들을 흥분시키며, 내 표를 우스꽝스럽게 만드는 기능 말고는 없다. 내 표는 선거권을 행사하는 게 아니라, 컴퓨터의 예측을 입증할 뿐이므로.

위대한 황금빛 세계사

우리는 황금시대에 살고 있
다. 젊은이들은 파티에서 자유분방하고 평화롭게 춤을 춘다. 매
우 훌륭한 스위스 축구 선수, 탁월한 남녀 가수, 감탄할 만한 연
예인들, 엄청난 파티들은 여전히 많다. 위대한 새 천년의 전환
기에는 모든 것이 지극히 자연스럽다. 공기는 아직도 맑고 물도
여전히 좋다

못 믿으시겠다고? 그럼 다르게 표현해야겠다. 우리는 황금시
대를 살았다고 말하게 될 것이다. 다시 말해서 삼십 년이나 사
십 년 뒤, 과거에 향수를 느끼는 젊은이들이 치수가 너무 큰 독
특한 바지를 입고 야구 모자를 쓰고, 배를 다 드러내고 허리띠
를 엉덩이에 걸친 채 밀레니엄 파티를 열어, 자기들 시대보다
훨씬 더 좋았던 시절을 꿈꾼다면 말이다. 지금 사람들이 아름다
운 오십 년대를 꿈꾸고 그때 복장으로 파티를 열며, 제임스 딘
이나 마릴린 먼로와 같은 시대에—번쩍이는 크롬니켈강과 붉

은 가죽 의자가 있는 거대한 미국 자동차를 타며—살았더라면 더 좋았을 거라고 생각하듯이.

오십 년대에 나는 아직 젊었다. 하지만 제임스 딘이나 마릴린 먼로와 같이 살지 않았고, 거대한 미국 자동차는 아주 드물게 봤거나 어쩌면 한 번도 못 봤다.

우리도 금빛 찬란했던 이십 년대를 꿈꾸었다. 담배 연기 자욱한 뉴올리언스의 재즈 클럽들과 찰스턴, 다다이즘, 아폴리네르와 릴케……. 그러나 그 꿈에는 당시의 총파업과 강력했던 노동운동도 들어 있었다.

지금 황금의 오십 년대에 관한 책이 있듯이, 당시에도 황금의 이십 년대에 관한 책들이 있었다. 아마 얼마 지나지 않아 황금의 팔십 년대에 관한 책, 그리고 삼십 년 뒤에는 우리가 지금 살고 있는 황금시대에 관한 책들도 나올 것이다.

한 세대인 삼십 년. 한 세대 뒤에는 거의 모든 시대가 훌륭한 시대가 된다. 오늘날은 모든 시대 가운데 최악의 시대다. 최악의 청소년들이 사는 최악의 시대. 하지만 이는 이미 수천 년 전부터 있어온 현상일 것이다. 수천 년 전에도 삼십 년 전의 시절은 언제나 당시보다 나은 시대였다. 우리는 이것을 진짜 역사로 간주하지만, 이는 역사가 아니라 역사를 서술하는 우리의 방식

일 뿐이다. 어쩌면 역사가들은 자신이 서술하는 시대를 사랑하려는 치명적인 성향을 소유하고 있는지도 모른다. 삼십 년 전쟁 때도 뭔가 좋은 일이 있었고, 이십 년대도 그랬고, 오십 년대도……

과거를 향한 내 그리움에는 에스파냐 내전도 포함된다. 나는 여기에 관해 읽을 수 있는 것들은 모두 읽었고, 모을 수 있는 것들은 모두 모았다. 공화국과 민주정치를 위해 그곳에서 싸운 스위스 사람도 몇 명 알고 있었고, 이들을 존경했다. 그러나 이 사람들은 에스파냐 내전 이야기가 나오면 모두 입을 다물었다. 내가 보기에 위대하고 찬란한 시대가, 실제로는 힘겹고 온기도 없는 패배의 시대였던 모양이다.

그러다가 며칠 전에 에스파냐 내전에 참전했던 스위스 사람들의 인명 목록에서 한 남자의 이름을 다시 발견했다. 그 남자의 이름은 케루빈 함머였다. 그는 나를 좋아했고, 나는 그와의 우정이 자랑스러웠다. 나중에 나는 어느 책에서 그에 대해 묘사한 적도 있다. 그는 약간 삐딱하긴 해도 인생에 단단하게 발을 딛고 있었다. 언제나 법률과 약간 마찰이 있었는데, 그 이야기도 항상 솔직하게 했다. 그것도 허풍을 섞어 시끄럽게. 작은 사기를 치는 것으로는 만족하지 않고 자기 허풍은 재미있고 독특

해야 한다고 믿는, 판타지 재능이 있는 사람이었다. 그러니까 우리는 일종의 동료였다. 둘 다 이야기를 만들어냈으니까. 그러나 그는 나처럼 종이 위에 만들어내지 않았다. 그의 이야기들은 현실에서 나왔고, 그는 어린 사내아이가 장난을 치듯이 이를 꾸몄다. 그의 작은 사기는 사내아이들의 장난처럼 이야깃거리가 되어야 했다. 그는 이야기를 잘했다. 온갖 방법을 동원하여 자기 이야기를 허풍으로 꾸몄다. 나는 착실한 청중이었으며 그를 좋아했다. 나는 그가 나에게 모든 것을, 정말 모든 것을 이야기했다고 확신했다.

그런데 그가 절대, 단 한 번도 에스파냐 내전 이야기는 하지 않았다는 사실이 놀랍다. 하필이면 그가, 다른 이야기는 뻔뻔할 정도로 잘하며 온갖 허풍을 떠는 그가……. 나는 그가 왜 에스파냐 내전에 대해서는 침묵했는지 이유를 생각해보았다. 향수에 젖은 내가 자기 이야기를 잘못 이해하리라는 것을, 그 이야기가 나에게는 찬란하게 비치리라는 것을 알았을까? 무엇보다도 그가 세계사에 참여했기 때문에? 혹시 그래서 현실감 넘치는 사기꾼 이야기를 꾸며냈을까? 그가 역사를, 금빛 찬란한 위대한 세계사를 불신하기 때문에?

잃어버린 것은 바로 '의례'

원래는 좋아했지만 살아가다가 잃어버리는 것이 많다. 시간이 아주 많이 흐른 뒤에야 비로소 그게 없어진 지 이미 오래라는 것을 깨닫는다. 예를 들면 열정, 흔히 재즈를 향한 내 열정이 그렇다. 지금도 좋은 재즈 작품을 듣거나 재즈 콘서트— 거의 우연이긴 하지만—에 가게 되면 기쁘다. 하지만 재즈를 여전히 좋아하면서도, 나에게선 뭔가 빠져 있다. 바로 절박함이다. 이제 나에게 재즈란 있으면 좋지만, 꼭 있을 필요는 없는 것이 되었다. 정말 유감스럽다. 마음만 먹으면 열정이나 절박함은 쉽게 되살릴 수 있을 텐데. 어쨌든 절박함이 사라졌으니, 재즈가 꼭 있을 필요는 없다.

이번 주에 졸로투른에서 영화제가 열린다. 영화인과 관람객뿐 아니라 이 도시에도 특별한 의미가 있는 행사다. 영화제가 열리면 도시는 다시 살아난다. 세계가 이곳에 있고, 작은 도시는 큰 도시의 중심가처럼 변한다.

영화제가 열릴 때마다 나는 늘 양심의 가책 비슷한 것을 느끼며, 내가 영화를 잃어버렸다는 사실을 가슴 아프게 깨닫는다. 사십삼 년 전, 나는 영화에 푹 빠져 있던 젊은이들 가운데 하나였다. 우리는 슈테판 포르트만이라는 사람을 중심으로 모여 스위스의 영화 제작자들을 졸로투른으로 데려오자는 아이디어를 냈다. 당시 졸로투른 시는 우리의 아이디어를 달가워하지 않았다. 잠에 취한 듯 조용하고 작은 도시에 별로 어울리지 않는 사람들이 모여들었기 때문이다. 또 영화제가 정치와 연관이 있을 거라는 의심도 받았다. 타당한 의심이었다. 바로 이런 거부감이 우리를 더 흥분시켰다. 이제 영화제는 확실하게 뿌리를 내렸고, 어느 정도 규모도 갖춘 행사가 됐다. 페스티벌이라는 용어가 펼침막에 슬쩍 들어가기도 한다.

그러나 내가 영화를 잃어버린 이유는 이런 상황 때문이 아니다. 당시에는 필름 클럽들, 그리고 이른바 스튜디오 필름이라고 불리던 영화들이 있었다. 이 영화들은 관람객이 별로 없었다. 우리는 영화를 몽땅, 그것도 반복해서 계속 봤다. 재상영을 했으므로 혹시 영화 한 편을 놓쳤더라도 한두 해 지나면 다시 볼 수 있었다. 진짜 열정에는 반복이 필수적인데 지금은 최신 시사성만 중요할 뿐이다. 그리고 잘 알다시피, 최신 시사성은 기존의 시사성을 영원히 대체한다.

육십 년대 베를린에는 '올림피아'라는 작고 어두운 영화관이 있었다. 베를린 시내에서 가장 관람료가 싼 곳이었으므로 겨울에는 뒷좌석에 노숙자들이 앉거나 누워 따뜻하지 잠을 잤다. 프로그램은 화요일마다 바뀌었다. 〈워락Warlock〉(1959)처럼 오래되고, 화면에 비가 주룩주룩 내리며, 훼손된 부분도 있는 흑백 서부 영화들⋯⋯.

"내일은 화요일이야."

친구들이 말했다.

"여섯 시 반에 올림피아에서 만나자. 화요일마다 여섯 시 반이야."

내가 친구들과 처음 그 영화관에 갔을 때, 그들은 나에게 어느 좌석을 가리키며 말했다.

"여기가 이제부터 영원히 네 자리야."

그들은 내 옆이 아니라, 영화관 곳곳에 흩어져 앉았다. 영화관에 같이 다니기 전부터 이미 제각각 자기 좌석이 있었던 것이다.

영화는 화요일마다 바뀌었지만 몇 주 뒤에는 그 영화가 다시 상영됐다. 늘 똑같은 영화였다. 본 영화에 앞서 보여주는 상영물도 늘 똑같았다. 오래된 주간 뉴스 두 편, 그리고 육식 식물에 관한 길고 지루한—내레이션은 무척 비장하게 들렸다—영화 한 편. 내가 본 영화 중에 최악이었고, 또한 제일 많이 본 영화였다. 그러나 올림피아는 내가 가본 영화관 중에 가장 아름다웠다. 내레이션 한 문장은 여전히 내 머릿속에 남아 있다.

"남부 멕시코에 사는 끈끈이주걱의 먼 친척 가운데 하나는, 이와는 아주 다른 방식으로 일합니다."

당시에는 우리 모두 내레이션 전체를 외울 수 있었다. 우리뿐 아니라 거의 서른 명쯤 되던 단골손님들도 모두 그랬다. 우리는 이 사람들을 개인적으로 알지는 못했지만 화요일마다 거기서 만났다. 육식 식물에 관한 끔찍한 영화가 시작되면 우리는 모두 자리에서 일어나, 큰 목소리와 영화배우 같은 요란한 몸짓으로 정확하게 내레이션을 따라했다. 명쾌하고 아름다운 합창이었다.

바로 이 합창 때문에 우리는 화요일마다 올림피아로 향했다. 이 합창은 처음에는 그저 바보 같은 장난으로 시작됐을 것이다. 그러나 나중에는 나뿐만 아니라 다른 사람들에게도 진지하고 아름다운 의례가 되었다.

아니다, 나는 영화나 재즈를 향한 열정이 아니라 바로 이런 의례를 잃었다. 열정이 깊이 간직되어 있는 의례를…….

도주를 기다림

　　　　　　기차는 잠시 뒤에 목적지에 도착할 것이다. 성급한 사람들은 좌석에서 벌떡 일어나 옷걸이에서 외투를 꺼내 서둘러 입고 가방을 들고는, 마치 달리기에서 가장 좋은 출발 지점을 차지하려는 것처럼 기차 복도에 줄을 선다. 앞뒤로 모두 비좁게 붙어 서서, 아마 오 분이나 칠 분쯤 뒤에 내리게 될 문을 바라보고 있다.

　방금 전까지만 해도 이들은 대부분 어느 정도 지루한 표정으로 앉아 있었다. 뭔가 읽거나 가로세로 낱말 퀴즈를 풀기도 하고 흥분한 목소리로 이야기를 나누기도 했다. 그러나 이제 대화는 멎었다. 마치 백 미터 달리기를 하기 전의 정신 집중처럼. 취리히에 도착하려면 아직 오 분이나 남았는데. 나는 집중에 방해가 될까 봐 사람들의 얼굴을 감히 쳐다보지 못한다.

　하지만 나는 아직 스도쿠에 숫자 몇 개를 채워 넣어야 한다. 해답에 거의 가까이 왔다. 이번에도 조금 늦게 내릴 것 같다. 차에 올라오는 승객들이 내 쪽으로 오겠지. 나에게 실례한다고 말할 테고—실은 내 잘못이다—, 나도 죄송하다고 할 것이다. 우리는 바삐 서로 비껴 지나가겠지. 창피할 것 같다.

그렇다, 너무 늦게 내리는 일도 생기는 법이다. 하지만 다른 사람들은 왜 저리도 일찍 일어나 출발선에 서 있는 경주마들처럼 긴장하고 있을까?

불안인가? 혹시 최초의 철도, 그러니까 불을 내뿜는 증기 말을 두려워하던 우리 선조들에게서 물려받은 공포?

아니면 기차의 빠른 속도는 우리가 생각하듯이 아주 당연하지는 않은 건가? 우리는 속도로부터 도주하려고 하나? 아니면 반대로 속도에 너무 길들여져서, 내리면서도 속도를 유지하려고 노력하는 건가? 또는 여행할 때 우리는 어느 정도는 도주 중이라고 할 수 있으니—스스로에게서 도망치는 것도 포함하여—내릴 때도 그저 도주를 계속하려는 건가?

자동차와 기차, 비행기와 같은 빠른 이동 수단은 뭔가 도주와 관계가 있거나, 감추어진 우리의 도주 욕망을 상기시킨다. 비행기는 섬으로 향하는 도주를 뜻한다. 우리는 자동차를 A에서 B로 가기 위해서뿐만 아니라 타기 위해, 어디론가 타고 가기 위해 사용한다. 직장에 가는 데만 사용한다고 해도 자동차는 무척 강

혜야 한다. 사륜구동을 비롯해 지극히 특수한 경우에 사용될 온갖 장치들이 필요하다. 직장으로 가는 일상적인 짧은 길에서도 어쩌다 길을 잃고 고비사막이나 남극, 기타 어디든 가게 될 수도 있으니까. 자동차는 온갖 경우를 위한 도구인데, 이러한 온갖 경우 가운데 하나는 '도주'다.

아무 목적 없이, 정말 아무런 목적 없이 기차를 탈 때면—어딘가로 가거나 창밖의 아름다운 경치를 즐기거나 사람들을 만나기 위해서가 아니라 그저 타기 위해 탈 때—나는 도주에 대해 이렇듯 소박하고 각별한 감정을 느낀다. 그냥 떠나기, 일상에서 탈출하기. 기차로 떠나는 많은 도주는 나에게 소시민적인 즐거움을 안겨준다. 이런 도주는 플랫폼에서 이루어진다. 기계가 안전하다는 확신뿐만 아니라, 이 플랫폼이 나를 다시 출발점으로 돌아오게 해주리라는 안전한 감정 속에서 이루어지는 도주. 돌이킬 수 없는 도주가 아니라 예행연습으로 해보는 자그마한 도주에 불과하니까.

또한 그저 기차를 타고 가는, 도주 중인 동지들도 만난다. 일반 정기권으로 저렴하고 따뜻한 멋진 집을 빌린 방랑자와 노숙자들, 움직이는 별장을 산 남녀 퇴직자들. 이들은 일반 정기권을 철저하게 이용하기 위해 타고 또 타며, 집에 있지 않아도 된다는 사실을 즐긴다.

그러나 내릴 때는 목적지에 도착하기 칠 분 전에 이미 좌석에서 벌떡 일어나, 짐을 챙겨 들고 기차 복도에 서서 기다린다.

목적지 도착은 기다림과 관계가 있다. 도착하는 사람은 뭔가를 기대한다. 도착, 도착하다. 라틴어로 아드벤투스(Adventus), 아드베니레(Advenire). 대림절(Advent)은 기다림과 기대의 시간이다. 나는 이제 더 이상 이런 기다림을 모른다. 하지만 어릴 때 크리스마스를 기다리던 기억은 지금도 난다. 아니, 선물만 기다린 게 아니라 아기 예수와 자그마한 크리스마스트리도 기다렸다. 우리보다 먼저 크리스마스트리를 볼 수 있던 사람은 아버지밖에 없었다. 아버지가 문을 열면 촛불로 반짝이는 크리스마스트리가 눈에 들어왔다. 내가 어른이 될 때까지 우리 집의 크리스마스는 늘 그랬다. 어느 날 이런 모습도 끝이 났다. 크리스마스트리는 계속 세웠지만, 기다림과 기대는 더 이상 없었다. 하지만 여러분의 크리스마스트리는 아름답기를, 그리고 꺼져가는 촛불의 그림자가 벽에서 깜빡일 때까지 앉아서 기다리는 인내심을 발휘하시기를.

편안하고 질서 있는 무질서

제화공 해프리거의 작업장에는 송진이 있었다. 그래서 나는 그가 부자라고 생각했다. 송진은《홀레 부인》의 골드마리나 페히마리(각각 '금 마리'와 '송진 마리')처럼 동화에 나오는 거니까. 어릴 때 나는 그의 작업장에 앉아, 그가 바느질을 하기 전에 실을 송진에 담갔다 빼는 모습을 지켜보았다. 그는 무척 많은 이야기를 알고 있었다. 늘 시간이 많았으며 천천히 이야기했다. 그는 무척 친절하고 정리를 잘하는 사람이었다. 그러나 그가 일을 하는 모습을 보고서야, 고개를 돌리지 않고서도 도구들을 똑바로 찾아 쥐는 것을 지켜본 뒤에야 사람들은 그의 작업장이 얼마나 잘 정리되어 있는지 깨달았다. 그의 작업장은 먼지가 많고 어두웠으므로 첫눈에는 무질서하게 보였다. 나는 이러한 '무질서' 속에서 편안함을 느꼈고, 어린 시절 많은 시간을 해프리거와 함께 보냈다. 그에게서 분명히 많은 것들을 배웠을 텐데, 너무나 자연스럽게 배웠기 때문에 뭘 배웠는지는 꼬집어 말할 수 없다. 무척 많이 배웠다는 사실만 알고 있다. 어쩌면 그의 무질서한 질서 속에서 그저 편안함만 느꼈는지도 모른다.

평생 정리를 하기 위해 나는 얼마나 애썼던가! 그러나 성공하지는 못했다. 어쩌다가 정리가 되었을 때—얼마 전에 내 방은 거의 이렇게 될 뻔했다. 그러니까 책상 위가 깨끗하게 비고 책들은 제자리에 꽂혔으며, 작은 탁자에는 꽃병이 아름답게 놓였다—의자에 앉아 내가 한 일을 자랑스럽게 바라보며, 살아 계셨더라면 칭찬했을 어머니를 생각했다. 그러고는 책을 한 권 들고 읽으려 했지만 읽지 못했고, 편지를 쓰려고 했지만 아무것도 생각나지 않았다. 그저 가만히 앉아 내 방이 불편하다고 생각했다. 주변 환경에 지나치게 손을 댄 듯한 느낌이었다. 우리는 무질서만이 아니라 아마 질서 때문에 환경을 훨씬 더 많이 파괴할 것이다. 우리 마음에 들어야 할 뿐 환경의 동의는 얻지 않는 질서 때문에.

아니, 나는 무질서 속에서도 편안하지 않다. 내 무질서는 제화공 해프리거의 무질서와 같지 않다. 내일이나 모레 또는 주말에 다시 한 번 청소를 해야 한다. 하지만 내가 혹시 평생 잘못된 것을 추구한 건 아닐까? 정리하는 데 늘 실패한 게 아니라, 무질서를 만드는 데 실패한 게 아닐까? 헤프리거의 작업장처럼 편안하고 질서 있는 무질서……. 익숙함 속에서 살기란 무척 힘들다.

빈 서류철을 찾다가, 1996년의 가계부와 세금 서류들로 가득 찬 베이지색 낡은 서류철을 하나 발견했다. 다행스럽게도 십 년이 지나면 버려도 되는 서류들이었다. 서류철을 비워 내용물을 쓰레기봉투에 버리고 들여다보다가 양심의 가책을 느꼈다. 아내 테레제의 글씨를 알아봤으니까. 아내가 몇 시간씩이나 정리하고 분류하여 뭔가 적어 넣던 모습이 생각났다. 아내가 그 일을 얼마나 힘들어했는지, 그리고 내가 얼마나 그녀에게 고마워했는지도. 그 모든 노동, 그녀의 글씨가 이제 쓰레기봉투에 들어가 있다. 정리는 약간 난폭하다. 던져 버리기, 이상 끝.

이고르 스트라빈스키(Igor Fedorovch Stravinsky)는 작곡할 때 언제나 당치와 집게를 피아노 위에 올려놓았다고 한다. 이 소문이 사실인지 아닌지는 중요하지 않다. 내 생각에―그에게서 받는 인상도 그렇다―스트라빈스키는 무척 엄격하고 정리를 잘하는 사람이었던 것 같다. 언젠가 왜 이런 도구를 피아노 위에 두느냐는 질문을 받았을 때, 그는 이렇게 대답했다고 한다.

"작곡할 때 혹시 필요한 경우가 생길지도 모르니까요. 그런 일이 생길 것 같지는 않습니다. 하지만 바로 그 점 때문에, 이런 희귀한 경우가 생기면 아주 급해지는 거지요. 그러면 오랫동안 도구를 찾을 시간이 없으니까요."

하지만 내 생각에 그는 아마 망치와 집게를 보며 작곡도 하나의 작업이라는 것, 그리고 작업이란 때때로 무질서하기도 하다는 사실을 명심하려던 것 같다. 그도 어릴 때 어쩌면 제화공 작업실의 작은 의자에 앉아 있었던 게 아닐까.

우리 장인어른은 무척 경건한 사람으로, 조금이라도 필요한 것은 뭐든지 보관했다. 직장에서 돌아오다가 길에서 누군가 깨물어 먹은 자국이 있는 사과 두 개를 주워 장모님에게 주며, 베어 문 자리를 도려내면 케이크를 구울 때 쓸 수 있다고 말했다. 그는 절대 구두쇠가 아니었다. 오히려 그 반대였다. 버리는 것을 죄악이라고 생각했을 뿐이다. 우리는 물론 그를 비웃었다. 아내는 그의 이런 좋은 혹은 나쁜 성향을 약간 물려받았다. 그녀가 떠난 이후로 구석구석에서 언제나 크고 작은 잡동사니가 발견된다. 아내가 아직 내 옆에 있을 때는 이런 것들이 짜증스러울 때가 많았지만, 이제는 그녀 인생의 흔적을 발견할 수 있어 기쁘다.

말하지 않은 것에 관하여

"오스트리아에 홍수가 났다더군."

 그가 말한다. 나는 그가 이 말을 계속 되풀이하리라는 것을 잘 안다. 내가 아무리 그렇다고 대답하더라도 반복되는 그의 말을 막을 수는 없을 것이다.

"그래, 나도 알아."

 그가 다시 말한다.

"오스트리아에 홍수가 났대."

"그래, 엄청난 홍수더군. 그 기사도 읽었고, 텔레비전에서도 봤네."

 내 대답에 그가 또다시 말한다.

"자네 오스트리아에서 일어난 홍수 뉴스 봤나?"

 이쯤 되면, 이건 오스트리아나 홍수에 관한 이야기가 아니다. 이 문장은 "후고 코블레트는 스위스 사람이었어. 투르 드 프랑스(매년 개최되는 프랑스 일주 사이클 대회)에서 우승한 적이 있지"일 수도 있다. 그러면 나는 아마 "그래, 나도 알아. 1951년이었네"라고 대답하겠지. 그는 다시 "코블레트가 투르 드 프랑스에서 우승했던 것 아나?"라고 물을 거고, 나는 "그래, 1951년이었지. 페르디난트 퀴블러가 우승하고 일 년 뒤에"라고 대답할 것이다. 그는 "아니, 퀴블러 말고 코블레트 말일세"라고 할 테고, 나는······. 이 대화에 희망은 없다. 어떤 사건이 문제가 아니라 말 자체에 관한 것이므로.

"그가 그들에게 말했다네."

그가 스위스국민당(극우파 정당) 소속의 어느 정치가에 관한 이야기를 한다. 그 정치가가 '그들에게' 무슨 이야기를 했는지 묻자, 그는 그가 그냥 "느끼지 못한다면 여러분은 그것을 파악할 수도 없습니다"라고 말했다고 대답한다. 이것이 바로 전형적인 제스처 정치다. 진정한 내용은 그 자체로 있을 뿐, 추종자들은 알지 못한다. 추종자들에게는 그저 그가 '그들에게' 이야기를 했다는 것만 중요하다.

포퓰리스트들은 언제나 대중의 입을 바라보고, 그들의 의중을 알아낼 궁리를 한다. 이 정치가들은 아마 말하는 것뿐만 아니라, 어떻게 말하는지도 중요하다고 생각하는 모양이다. 말 그 자체,

그냥 '그들에게' 말을 할 것. 뭘 말하느냐고? 그냥 '그것!'

"그런데 오스트리아에……."

나는 그만 인내심을 잃고 그에게 소리를 지른다.

"이제 좀 조용히 하게!"

그가 놀라서 날 바라본다.

"난 그냥 오스트리아에……."

그래, 나도 안다. 그는 뭔가 아주 다른 이야기를 하고 싶어 한다. 말할 수 없는 것, 말하기 싫은 것. 그리고 나는 그의 말에 귀를 기울여야 한다. 아니면 그는 자기가 원하는 것을 정말 알긴 하지만 그게 혹시 내 마음에 안 들까, 내가 자기와 다른 의견은 아닐까 걱정하는지도 모른다.

어쩌면 다중의 입을 바라본다는 것은, 전혀 다른 어떤 일을 시작하기 위해 먼저 신뢰를 쌓으려고 같은 의견을 지닌 주제를 찾는다는 뜻일 수도 있다.

내 생각에 우리 스위스인, 특히 독일어를 사용하는 스위스인은 이런 점에서 취약하다. 우리 사투리는 침묵의 언어다. 우리는 가정법, 그러니까 가능태로 이야기하고, 가정법으로 생각하고, 가정법으로 산다. 우리 언어에는 구속력이 없다. 나는 말한 게 아니라, 그냥 그렇다고 생각하는 거니까.

나도 우리 사투리가 참 편안하다. 스위스적인 다른 그 어떤 것보다도 사투리에서 고향을 훨씬 더 많이 느낀다.

나는 매일 문어체 독일어로 일하고 게다가 그 일을 즐기며, 또 독일에서 사용하는 표준 독일어를 좋아하기는 한다. 하지만 그 말에서 고향을 느껴본 적은 없다. 특히 일상생활의 아주 세세한 부분에서 표준 독일어는 여전히 가장 낯설다. 나는 독일에 가면 그곳에서는 사람들이 입 밖으로 말을 꺼낸다는 것, 생각하고 느끼는 대로 말한다는 것, 저절로 당연한 일은 없다는 사실에 늘 새롭게 익숙해져야 한다. '말해지지 않은 당연함'은 스위스에 깊이 뿌리내린, 스위스적인 그 무엇이다. 모든 일이 잘될 때는 그 당연함과 더불어 잘 살 수 있지만, 이런 상태에서는 처음부터 토론이 불가능하다. 우리는 우리가 무슨 생각을 하는지 알고 있다, 그러니 이상 끝!

이런 생각을 할 때마다 베를린에 사는 친한 친구가 떠오른다. 나는 졸로투른 역에서 그를 기다리고 있었다. 우리는 몇 년 동안 만나지 못했으므로 나는 그의 방문이 정말 반가웠다.

기차가 도착했다. 기차에서 내린 친구가 내게 달려와 한 무더기의 단어를 퍼부었다.

"자네를 다시 만날 생각에 얼마나 기뻤는지 아마 모를걸세.

디게 도대체 얼마 만인가? 그때 우리가 반제(베를린 남서부에 있는 호수)에서 보낸 아름다운 일요일 기억하나……?"

나는 궁지에 몰린 쥐처럼 그 자리에 서서, 그가 갑자기 왜 나를 싫어하는지 스스로에게 물었다. 그가 나에게 퍼붓는 모든 말을 우리 사투리로 하면 그저 "잘 있었능가?"로 요약되고, 또 말을 많이 해야 하는 경우라고 해도 다른 모든 것에 대해서는 말할 수 있지만 예를 들면 뭐랄까, 날씨나 올림픽 경기나 오스트리아에서 일어난 홍수에 관한 말은 하지 않는다.

아름다운 날들을 며칠 함께 보내고 그를 떠나보낼 때, 역에 서서 눈으로 기차를 좇으며 양심의 가책을 느꼈다. 내가 그를 얼마나 좋아하는지, 나에게 그가 얼마나 소중한지 말하는 것을 잊었기 때문이다. 당연함의 저주, 말허지지 않은 것의 저주, 부족한 결단력의 저주, 가정법의 홍수 속에서 스스로를 잃어버리는 저주…….

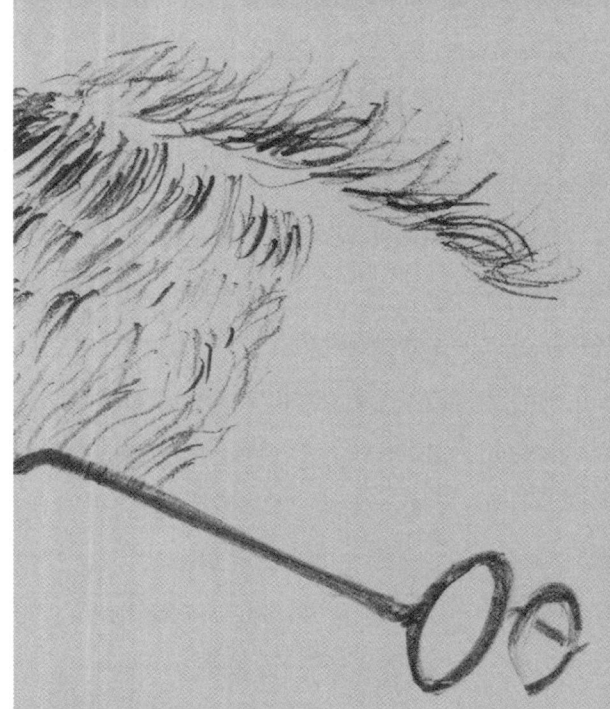

Brigitte habe ich nie mehr gesehen, das letzte Mal wohl vor
FÜNFUNDFÜNFZIG JAHREN, WIR WAREN FÜNFZEHN UND GINGEN INS GLEICHE

작은 세상,
큰 세상

그들이 죽지 않기를

우리가 열다섯 살이던 오십오 년 전, 같은 학교에 다닐 때를 마지막으로 브리기테를 더 이상 만나지 못했다. 이야기를 나눠본 적은 한 번도 없었고, 편지만 두세 번 정도 교환했던 것 같다. 그러다가 그녀는 아마 더 용감한 연인을 발견했던 모양이다.

브리기테는 아직 살아 있을까? 그런데 나는 왜 그녀가 아직 살아 있기를 바랄까? 살아 있다고 해도 만날 일은 아마 없을 텐데. 만날 이유도 없다. 만나서 그녀에게 할 이야기도 없다. 우리는 헤어진 게 아니다. 만나고 싶은 데 못 만난 것도 아니다. 딱 한 번, 잠깐 만날 뻔한 적은 있었다. 만날 '뻔'했을 뿐이다.

그런데 동아시아에서 일어난 해저지진(2005년 동남아시아 지역을 강타한 쓰나미)을 생각하다가 왜 갑자기 브리기테가 떠올랐을까. 그녀뿐이 아니다. 도리스와 한스와 알베르트, 베른트, 요세프, 자비네, 그레텔……. 명단은 거의 끝없이 이어진다. 나와 함께 웃던 사람들, 나를 화나게 했던 사람들, 함께 울거나 함께 적포도주 반병쯤을 마신 사람들, 이미 오래전에 이름을 잊은 사람들, 또는 이름조차 모르던 사람들. 내가 살면서 만난 사람들은 얼마나 될까? 그리고—대부분 말하지 않았고 대답을 듣지도 못했지만—좁쌀만 한, 또는 그보다 더 작은 사랑을 품고 있던 만남은 몇이나 될까?

지금 갑자기 내가 이들 모두를 격정적으로 떠올리는 이유는 좁쌀보다 작은 사랑인가? 프랑스의 철학자 가브리엘 마르셀(Gabriel Marcel)은 언젠가 이렇게 표현했다.

"사랑이란 네가 죽는 것을 내가 원치 않는 것."

지금 나에게 크고 작은 사랑의 흔적을 남긴 모든 사람을 떠올리게 하는 것은 이러한 죽음의 격렬한 시위인가?

아니다. 나와 아직 연락이 닿는 사람들 중에 이번 해저지진으로 목숨을 잃은 사람은 아무도 없다. 그러나 내가 어디선가 만났고 왠지 모르게 좋아했던, 그리고 또 만났더라면 뭔가 다른 것을 기억나게 했을 사람들, 몇 초 또는 몇 분만이라도 내 인생을 더 살 만하게 만들어주었던 사람들 중에 죽은 이는 없을까?

예를 들어 베를린행 기차 안에서 만난 학생, 장 파울(Jean Paul)의 작품을 읽던 그 학생은? 나는 그의 이름도 모르고, 외모가 어땠는지 기억도 나지 않는다. 그를 묘사할 수 없다. 그런 그가 지금 갑자기 생각난다. 나는 그가 아직 살아 있기를 바란다. 그가 살아 있다는 것을 의심할 만한 아무런 이유도 없다. 하지단 생존 여부를 확인하지는 못할 것이다. 그를 다시 만나는 일은 아마 거의 없을 테니까.

뢰슬리도, 도리스도 더 이상 못 만났다. 이 사람도, 저 사람도, 그 사람도……. 아마 다시는 만나지 못할 것이다. 그럼에도 나는 이들이 모두 이 세상에 있기를 바란다. 그들이 죽지 않기를 바란다. 그들은 모두 내 인생에—적어도 아주 작은 부분은—속한다. 어쩌면 인생 전체에서 일 초에 불과하다고 해도. 그들이 죽으면 나의 아주 작은 부분도 아주 조금 함께 죽는 것이다.

전 세계에서 매일 십오만 명 이상이 굶어 죽는다고 한다. 이번 해저지진에서 죽은 사람들과 거의 맞먹는 숫자다.

지금 보니 지극히 절망적이라고 생각되는 이 일이, 왜 매일 떠오르지는 않는 걸까?

나와는 상관없다고 생각하기 때문에?

굶어 죽는 사람들이 흑인종이나 황인종, 그러니까 어쨌든 나와 다른 사람들이라고 상상해서? 그들을 만난 적이 없다고 생각해서?

왜 그렇게 확신할까?

'그저' 굶주리기만 한 사람은 '그저' 경제적 망명객에 불과하므로, 굶주리는 그 나라로 돌려보내야 한다고 우리가 생각했던 사람들은 우리 나라에도 수백 명씩 살지 않았던가? 그렇다면 나는 굶주리는 사람들과 상관이 있는 건가, 없는 건가?

동아시아의 해저지진과 관련하여 세계화라는 말이 계속 거론됐는데, 이때 세계화란 후원자들의 결속이라는 뜻이었다. 이 '세계화'가 지속적인 무언가를 남길 것 같지는 않다. 이런 종류의 현안들은 금방 잊히기 마련이니까.

나는 관광 사업을 아주 싫어한다. 물론 그 일로 돈을 버는 사람들도 있고, 저렴하게 휴가를 보내는 사람들도 있다는 사실은 인정한다. 그러나 대중 관광 사업은 민족 간의 이해에 전혀, 정말 전혀 기여하지 않는다. 오히려 그 반대인 경우가 많다.

이런 관광 사업이 갑자기 우리를 어떤 점에 주목하게 했다. 이 세상의 대재난은 단순히 흑인이나 가난한 사람 또는 저개발국의 일이 아니라, 우리 모두에게 공통된 재난이라는 점이다. 이번에는 죄를 지은 사람이 아무도 없었지만, 다른 때는 거의 언제나 우리도 공범이었다.

우리에게 죄가 없다면 기부하기가 더 쉬울까? 공범이라면 우리가 하는 기부는 자백으로 이해될 수도 있을 테니까. 우리는 공동으로 무죄이기도 하지만, 공동으로 유죄일 때가 아마 훨씬 더 많을 것이다. 해저지진 이후 며칠 동안 굶어 죽은 사람들의 수도 아마 엄청나게 늘었겠지……. 매일 십오만 명 이상씩.

소음을 위한 변론

　　　　　　　　내가 사람들을 좋아하는지는 잘 모르겠지만, 그 사람들이 내는 소음을 좋아한다는 사실 하나는 확실하게 안다. 그들의 목소리를, 그들의 언어를, 그들의 고함과 속삭임을 좋아한다. 나는 그들이 손과 도구와 기계로 만들어내는 소음을 좋아한다. 공기 해머의 소음조차도 완벽한 침묵보다는 낫다. 보기 흉한 뒤뜰에 면해 있는—손질을 잘한 뒤뜰은 더 끔찍하다—조용한 호텔 방보다는 시끄러운 방을 더 좋아한다. 잠들기 위한 소음, 잠에서 깨기 위한 소음이 필요하니까.

　일을 하기 위한 소음도 필요하다. 내가 칼럼을 쓸 때면 기차에 앉는 이유도 아마 그래서일 것이다. 타고 가기 위해서가 아니라 그냥 앉아서 운전 소음을 귀에 집어넣는 것. 나는 울림과 소리를 더 풍부하게 제공하는 이등칸에 탄다. '풍족'한 일등칸은 소리 제공이라는 면에서는 '빈곤'하다.

　독자 여러분이 이 말을 이해할 수 없다면, 기차를 타고 어디

톤가 갈 독적이 아니라 다른 이유에서 내가 여기에 다시 앉아 있다는 것을 고백해야겠다. 이 칼럼을 써야 하는데, 원고 마감 시간이 얼마 남지 않았다. 그러니 나를 가두고 일을 하는 수밖에 없다. 이제 해야 할 일 좀 제발 하라고 스스로에게 강요하기 위해 기차에 나를 가둔 것이다.

집에서도 이미 시도해봤지만 거기서 탈옥하기란 아주 쉽다. 나는 지금 여기 앉아 있고, 기차는 움직인다. 적어도 두 정거장 사이를 달릴 때는 탈출할 수 없고, 또 기차는 내가 예상치 못한 순간에 갑자기 정거장에 도착하므로 내리기에는 항상 너무 늦다.

하지만 이건 사치스러운 구금 생활이다. 이곳은 안락하다. 글쓰기를 중단하고 그냥 앉아서 지나가는 풍경을 바라보고 있노라면—풍경에 특별히 신경 쓰는 일 없이—이 수감 상태를 사랑하게 되고, 내 인생에서 가장 소중했던 구금 생활이 떠오른다. 성장하여 이제 돌이킬 수 없이 영원히 잃어버린 수감 상태, 보호받는다는 그 느낌.

내 어린 시절의 감옥, 놀이울(playpen)이라 불리는 아름다운 감옥에서 경험한 그 안전한 느낌.

내가 놀던 놀이울은 나무 막대를 깎아 만든 것으로, 일어서서 격자 울타리 위쪽 난간에 몸을 꼭 붙이고 세상을 바라볼 수 있었다. 그때 눈에 보이는 세상은 나에게 세상 전체였다. 격자의 안쪽은 내가 사는 세상, 바깥쪽은 보고 감탄하는 세상.

나는 무언가 관찰 중이라는 의심을 자주 받는다. 사람들이 글쓰기를 그렇게 상상하기 때문이다. 시장에 가면 언제나 누군가 다가와서는 "아, 관찰하시는군요"라고 말한다. 선술집에 앉아 있어도 뭔가 관찰 중이라고 생각한다. 어쨌든 사람들이 나를 술주정꾼이라고 생각하지 않는다는 장점은 있지만—실제로도 아니다—그래도 짜증스럽다. 나는 관찰하지 않는다. 그저 볼 뿐이다. 술집에 수감되어, 어릴 때 놀이울의 난간에 손을 얹었던 것처럼 테이블에 손을 얹고 세상을 바라본다. 지금 바로 이 순간 '전 세계'인 세상을. 술집에 있는 다른 사람들이 외국어를 하면 더 좋다. 그들의 목소리에서 얻는 내 기쁨이 대화 내용 때문에 파괴되지 않으므로. 그저 듣고 보기.

놀이울은 조립할 수 있었다. 조립 목적으로 경첩도 있었고, 여닫을 수 있는 빗장도 있었다. 그러나 빗장은 도망치기 위해 있는 게 아니었다. 놀이울은 그렇게 해서는 열리지 않았고, 내가 그 형태만 조금 바꾸어도 깜짝 놀란 외부 세계의 관심을 끌기에 충분했다. 그러면 어른들은 놀이울이 망가지지 않게 하기 위해, 또 나를 보호하기 위해 빗장을 끈으로 묶어 내가 손대지 못하게 했다.

나는 거리로 향한, 시끄러운 거리로 향한 호텔 방에 들고 싶다. 놀이울의 난간에 올리듯 창틀에 손을 얹고, 지금 바로 이 순간이 전 세계인 세상을 바라보고 싶다. 내 기억에 카이로는 시끄러운, 아주 시끄러운 도시였다. 이른바 사람들이 낼 수 있는 모든 소음의 총체였다. 이틀 동안은 도저히 잠을 잘 수 없었다. 그러나 사흘째부터는 나도—아주 조용하긴 했지만—소음의 한 부분이 됐다. 나 역시 한 명의 인간이었다.

놀이울에 서서 소음을 내고, 사람들의 소음으로 이루어진 세상에 소속된다는 것. 그러고는 어른들이 놀이울을 끈으로 스팀에 묶어버릴 때까지 놀이울을 온 방으로 밀고 다닌다는 것. 장난감을 모두 세상으로 던져버리고 다른 어떤 세상, 다시 말해 놀이울 세상의 자랑스러운 주인이 된다는 것.

나는 기차에 앉아 있다. 지금 막 신병들이 올라탔다. 엄청나게 시끄럽다. 그들이 내가 알아듣지 못하는 언어로 말하면 얼마나 좋으랴. 내용을 모른다면 그들의 소음즈차도 마음에 들 텐데.

작은 세상, 큰 세상

축구, 아스널과 툰의 챔피언스리그 경기. 광적인 축구팬은 아니고 가끔 텔레비전에서 경기를 시청하는 외르크는 결정적인 마지막 골을 보지 않았다고 한다. 자신의 초조함이 혹시 경기 종료 직전에 치명적인 골을 유발하지는 않을까 걱정스러워, 골이 들어가기 얼마 전에 텔레비전을 껐다는 거였다.

그럼에도 불구하고 골은 들어갔다. 다른 장소에서 누군가가 텔레비전을 끄지 않고 계속 봤다는 소리다.

몇 년 전 친구네서 파티가 열렸을 때의 일이다. 식사 후에 아이들이 당시 무척 인기가 높던 동물 프로그램을 보고 있었다. 세 살짜리 꼬마 쿠노는 완전히 넋을 놓고 텔레비전에 빠져들었다. 그러다가 갑자기 질문을 던졌다.

"너희 사자 이름은 뭐야?"

누군가 '클라렌스'라고 대답하자, 쿠노는 신이 나서 소리쳤다.

"집에 있는 내 사자도 클라렌스인데!"
"너희 원숭이는?"
"내 원숭이도!"
'맞아, 나 사자도 곁눈질을 해!"

여기 집 안에서, 방 안에서 이루어지는 세상. 지금, 그리고 나만을 위해, 오직 나하고만 관계가 있는 세상.

집에서 이루어지는 세상은 '나'의 세상이다. '내' 사자와 '내' 원숭이, 내 영화배우 뭐라, 내 정치가 엘 주비, 내 층리. 누군가 "당신을 텔레비전에서 봤어요"라고 말한다면, 이는 원래 "당신은 내 방에 있었어요"라는 뜻이다.

꼬마 쿠노는 다른 아이들에게도 자기와 똑같은 사자와 똑같은 원숭이가 있다는 데 실망할 수도 있었을 것이다. 그러나 쿠노는 '자기' 세상이 다른 곳에도 있고, 다른 사람들의 집에도 자기 것과 완벽하게 똑같은 세상이 존재한다는 사실에 열광했다.

하지만 집에 있는 텔레비전은 나에게는 왠지 방해가 된다. 며칠씩이나 텔레비전을 잊고 살기도 한다.

그러나 술집 텔레비전은 좋아한다. 텔레비전이 있는 술집은 이제 점점 드물어진다. 나는 텔레비전 없이 성장한 세대다. 이유는 간단하다. 텔레비전이라는 게 아직 없었으니까. 그러나 텔레비전에 익숙해지는 건 어렵지 않았다. 나중에 컴퓨터도 그랬고.
그러나 홀로 텔레비전을 시청하기란 여전히 힘들다. '내' 사자와 '내' 원숭이는 어색하고, 내가 마치 무엇인가를 구멍으로 엿보는 관음증 환자가 된 듯한 느낌이 든다. 긴장을 풀고 느긋하게 텔레비전을 보려면 아직 텔레비전을 갖추고 있는—이제는 드물어진—술집으로 가야 한다. 축구 경기를 시청할 때 다른 손님들의 고함이 물론 방해가 되기는 하지만, 이곳에서는 적어도 '내' 축구 경기가 아니라 '우리' 경기다. 꼬마 쿠노의 말을 잘못 인용했다. 쿠노는 '내' 사자가 아니라 '우리' 사자라고 했다. 둘이 아주 다르다는 생각이 이제야 든다. '내' 세상이 아니라 '우리' 세상.

나는 1950년 무렵 올텐(졸로투른 주에 있는 도시)에 있는 샐리 궁전 레스토랑에서 텔레비전 방송을 처음 보았다. 어느 라디오 가게 주인이 그곳에 텔레비전을 한 대 설치했다. 그렇게 높은 곳에서만 전파가 잡혔기 때문이다. 그때 무슨 프로그램을 보았는지는 더 이상 기억나지 않고, 프로그램들 사이에 잠깐 쉬는 동안 보여주던 물고기 어항 사진만 생각난다. 가게 주인은 이 사진이 브라운관에 들러붙지 않으려면 계속 움직여야 한다고 전문가처럼 설명했다. 우리는 허공에서 나타나는 사진들을 보았다. 작동한다는 것만으로도 충분히 기적이었다.

세월이 어느 정도 흐른 뒤에 어떤 의사가 집에 텔레비전을 놓았다. 그의 집은 사과나무가 한 그루 있는 초원에 있었는데, 이 사과나무에는 텔레비전을 보려는 아이들이 가득 매달려 있었다. 프로그램을 보려는 건 아니었다. 아무도 프로그램 이야기는 하지 않았을뿐더러, 나무는 어차피 텔레비전에서 너무 멀리 떨어져 있었다. 우린 텔레비전 자체를 보려 했고, 그게 작동하는 걸 보고 싶었다. 가끔 그렇게 먼 거리에서도 화면이 대충 파악될 때도 있었다. 허공에서 나타나는 사진들.

그 후 1954년 베른에서 열린 월드컵 결승전은 레스토랑에서 보았다. 그때 우리에게 텔레비전 시청이란 방이나 가정에서가 아니라, 공공장소에서 이루어지는 일이었다.

나에게는 이런 성향이 아직도 남아 있다. 단 한 명의 관중이 되어 축구 경기를 지켜보는 일은 여전히 어색하다. 텔레비전에 비친 관중은 나에게는 그저 구경거리일 뿐이다. 그곳에 있는 사람들이 사실 진짜 관중임에도 불구하고. 여기 집의 텔레비전 앞에서는 내가, 또는 우리 두세 명이 유일한 관중이다.

그러니 남아 있는 해결책은 술집뿐이다. 나를 방해하는 다른 사람들은 그들의 의무를 수행하는 것이다. 여기서는 우리가 관중이고, 관중은 시끄러우니까.

하지만 이제 '우리'는 별로 많지 않다. 다른 사람들은 이미 오래전부터 집에서 텔레비전을 본다. 경기장에 완벽하게 혼자 앉아 있는 일이 그들에게는 아무렇지도 않다.

어쩌면 사람들은 텔레비전이 세상을 자기 집 안으로 가져다준다고 생각할지도 모른다. 그들은 '그들'의 세상이 자기 자신이라는 것, 텔레비전이 그들에게 큰 세상을 열어 보이는 듯이 속이는 동안 그들의 세상은 아주 작아졌다는 것을 깨닫지 못한다.

그러나 세상은 여기 술집에서도 작아졌고, 하루하루 지날수록 점점 더 작아진다.

혹시 우리는 아주 작은 세상 속에서도 이미 너무 외롭기 때문에 큰 세상—예를 들어 유럽—을 두려워하는 건 아닐까?

"너희 공격수 이름은 뭐야?"

"너희 골키퍼 이름은 뭐야?"

"너희 사자 이름은 뭐야?"

그런 다음 쿠노가 신이 나서 대답하는 말.

"우리 것도 그래!"

쿠노 방의 문이 열렸다. 아이는 세상을 발견했다.

바람에 쓴 글

　　　　　　　초등학교 1학년짜리 어린 소녀가 다락에서 오래된 전동 타자기를 찾아냈다. 타자기는 이제 작동하지 않아 그걸로 더 이상 글을 쓸 수는 없다. 아이는 방 한구석에 앉아 타자기를 가지고 논다. 아니, 타자를 치듯이 노는 게 아니라 피아노 건반을 누르듯이. 작은 손가락으로 자판을 부드럽게 건들고는, 사라지는 음에 귀를 기울이듯 허공에 쓴 알파벳을 올려다보고 확인한다. 두 번째와 세 번째 알파벳을 쓴 뒤에는 허공을 바라보는 '3화음 듣기'가 따라온다. 아이는 진지하고 경건한 자세로 타자를 친다. 나는 아이가 한 시간 뒤에도 여전히 타자를 치고 있는 모습을 보고는, 뭔가 핑계를 대고 아이 옆을 지나가며 자판과 아이의 손가락을 본다. 아이는 정말 단어와 문장을 쓰고 있다. 어디에도 도달하지 못할, 그 어느 곳에도 쓰여 있지 않을 문장들. 허공에서 해체되어 아무 곳에도 있지 않으나 지금부터 어디에나 있게 될 문장들. 아이의 손가락처럼 여리며, 아무도 못 볼 정도로 투명한 문장들. 그러나 이 문장들은 이미 쓰였다. 한 번, 그리고 영원히. 시(詩)의 진지함이다. 나는 입을 다물고 그저 감탄한다. 우리 둘 다 그 이야기를 하지 않는다.

허공 어딘가로 사라져간 소녀의 문장들은 로마의 옛날 신교도 공동묘지에 있는, 1821년에 쓰인 묘비명을 생각나게 한다. 스물여섯 살에 결핵으로 죽은 영국의 위대한 시인 존 키츠(John Keats)는, 자기 묘비에 이름은 없이 "여기 물 위에 이름을 쓴 자가 누워 있다"라는 문장만 쓰여 있기를 바랐다. 이 문장은 나뿐만 아니라, 공동묘지를 방문한 수없이 많은 사람들에게 깊은 감동을 안겼을 것이다. 그러나 나는 지금 어린 소녀가 허공에 쓴 글씨를 확인하는 모습을 보고서야 비로소 이 문장을 이해한 것 같다. 물 위에 쓴다는 말, 허공에 쓴다는 말……. 종이에 쓰는 글보다 가치가 없을까, 훨씬 더 큰 의미가 있을까. 물에 새긴 이름은 아무것도 아닌가, 모든 것인가.

나는 일기 쓰기가 두렵다. 살면서 몇 번이고 시도했지만 이삼일 뒤에는 늘 포기했다. 일기장은 내 날들을 망쳤다. 낮에 경험한 일을 저녁에 쓰는 것이 아니라, 일기장을 위해 살기 시작했으니까. 일기장을 위해 움직이고, 일기장을 위해 관찰했다. 일기장을 위해 술집을 고르고, 일기장을 위해 이야기할 사람을 찾

있다. 의미 있는 일만 해야 한다면 인생은 삭막해진다. 일기장에 '오늘은 특별한 일이 없었음'이라고 적은 그 오늘도 상황에 따라서는 눈부시게 아름다운 날이었을 수도 있을 테니.

물론 나는 내 일기장이 그립다. 이제는 더 이상 기억나지 않는 이야기로 나에게 큰 감동을 준 사람의 이름이 무엇이었는지 떠오르지 않는다. 그 일이 언제 어디서 있었는지도 더 이상 모른다. 나에게는 증거가 아무것도 없다. 영원히 사라졌다. 어린 소녀처럼 작동하지 않는 타자기로 일기를 썼더라면 어쨌든 쓴 것이니 잃어버리지는 않았을 텐데. 사용할 수는 없더라도 우주 어딘가에, 그리고 모든 것에 스며들어 있을 게 아닌가. 어쩌면 그렇게 썼는지도 모르겠다. 내가 쓴 글들 대부분은 아마 종이에 도달하지 못하고 허공과 물에 가서 닿았는지도 모른다. 그러나 소녀가 했던 것처럼 그런 인내심으로, 그렇게 진지하고 경건하게 하지는 못했다. 심지어 허공에 쓸 때조차 나는 허영심 때문에 다리 사이에 주릿대를 낀 채 땅으로 다시 내동댕이쳐졌다.

언젠가 어떤 사람이—일기장이 없으니 누가 어디서 말했는지는 모르겠다—나중에 노벨 문학상을 받았으나 당시에는 아직 무명이고 빈곤하던 서정시인 넬리 작스(Nelly Sachs)를 전쟁 직후에 스톡홀름으로 찾아갔던 이야기를 들려줬다. 그는 그녀가 먹지 리본이 없는 타자기로 글을 써서, 종이에 글씨가 전혀 찍히지 않는 것을 보고 무척 놀랐다고 했다. 그녀가 혹시 이성을 잃은 건 아닌지 두려웠다는 것이다. 하지만 사실 그녀는 먹지 리본을 살 돈이 없던 차에 등사용 왁스 원지(原紙)가 들어 있는 큰 상자를 우연히 발견했다. 이런 사정을 설명하고 그녀는 이렇게 덧붙였다고 한다.

"나중에 혹시 형편이 나아진다면, 그때 가서 등사용 원지로 인쇄할 수 있으니까요."

잠정적으로 바람에 써둔 글…….

그냥 그러니까

예전에 마인츠(독일 남서부의 도시)에 살 때, 일주일에 두 번씩 집 앞에 큰 시장이 섰다. 대문 바로 앞에는 언제나 치즈를 실은 커다란 차가 서 있었다. 나는 오랫동안 거의 당연하게 그 앞을 그냥 지나쳤다. 아마 스위스인의 오만함 때문이었을 것이다. 다른 나라 치즈—예를 들어 프랑스 치즈—도 있다는 걸 알지만, 오로지 스위스 사람들만 치즈를 이해한다고 생각하는 오만함.

왜 그러냐고? 그냥 그러니까!

마인츠에 좀 더 익숙해진 다음, 다시 말해서 거의 정말로 '거주'하기 시작하고서야 치즈 차에 다가갔다. 나는 탁월한 품목들과 치즈에 관한 상인의 전문적 열정에 깜짝 놀랐고 감동했다. 그에게서 치즈를 살 때마다 각 치즈의 특성과 산지와 역사에 관해 이야기를 나누었다. 모든 치즈는 그의 이야기 속에서 유일무이한 치즈가 됐다.

특히 피에몬테산(産) 염소 치즈는 무척 내 마음에 들었다.

"혀에 올려놓고 그냥 녹게 두세요. 빵이나 포도주 없이 치즈만 먹어야 해요."

작은 치즈 한 조각의 가격은 처음에는 소름 끼치게 비쌌지만, 나는 금방 이 맛에 중독이 됐다. 얼마 지나지 않아 그 가격도 적당하다고 생각하게 됐다. 그러나 상인은 나중에 그 치즈를 더 이상 가지고 오지 못했다. 같은 생산자가 만든 다른 치즈가 있긴 하지만, 맛이 다르다고 했다. 자기는 어떤 농부가 생산한 제품을 몽땅 사는데, 그 농부가 기르는 염소는 육십 마리로 두 집에서 소유하고 있다고 했다. 염소 치즈를 만들 때는 원래 한 집의 염소젖만 사용하는데, 지금 가져온 치즈는 평소와 다른 집의 염소젖으로 만들었다고—염소의 품종이 다른 건 아니고 소유주만 다르다고—, 그래도 지난 번 치즈랑 똑같은 방법으로 만들었다고 했다. 하지만 이번 치즈 맛은 약간 다른 게 아니라 완전히 달랐다.

그게 정말 그런지, 과학적으로 증명할 수 있는지는 잘 모르겠다. 그러나 그 이야기는 깊은 감동을 주었다. 이야기가 있는 치즈, 그리고 그 이야기를 위해 시간과 노력을 투자하고 귀찮은 일도 감수하는, 그 이야기 속에서 살아가는 염소 치는 농부.

왜 그러냐고? 그냥 그러니까!

연 만들던 기억도 떠오른다. 그때 제대로 된 연을 손가락만 한 굵기의 줄에 달아 바람에 날리던—거의 어른이었던—남자들은 실제로는 나보다 겨우 몇 살 위였다. 나는 그때 아마 아홉 살쯤이었고, 그들은 열두 살 정도였을 것이다. 하지만 나는 그들을 올려다보았다. 어쩌면 연줄은 손가락만 한 굵기가 아니었을 수도 있고, 그들도 내 생각처럼 근육질이 아니었을지도 모른다. 하지만 그들은 이른바 이 세상의 모든 지식을 소유하고 있었다. 그러니까 '연날리기의 세계'에서 필요한 지식들을.

그들은 비밀을 알고 있었다. 나무 막대들을 어떻게 연결하는지, 거기에 끈을 팽팽하게 묶으려면 어떻게 해야 하는지, 줄과 나무 막대들을 연결하는 세 개의 끈으로 어떻게 균형을 잡는지에 관한 기술적인 문제뿐만 아니라, 종이를 어떻게 붙이는지도 알고 있었다.

나는 며칠씩이나 애를 썼다. 하지만 내 연은 날지 않았다. 모든 일을 할 줄 아는 철저한 기술자였던 우리 아버지는 나를 도와준 정도가 아니라, 연 만드는 일거리를 몽땅 가져갔다. 나는 손재주가 전혀 없었다. 나는 아버지를 걸었으므로, 정교하게 만든 연을 자랑스럽게 들고 다른 사람들이 며칠씩이나 계속 연을 날리고 있던 들판으로 나갔다. 연은 조금 올라가다가 위에서 왼쪽으로 꺾이더니 바닥으로 곤두박질쳐서 부러졌다.

며칠 지난 뒤에야 열두 살짜리 '진짜 어른' 중 하나가 나를 아는 체하더니, 연을 뭘로 붙였는지 물었다.

"부레풀."

"부레풀로 붙이면 연이 못 날아. 밀가리 물만 돼."

그러니까 우리 어머니가 찬장에 넣어두는 밀가루를 물에 풀고 저어 '밀가리 물'을 만들어 써야 했다. 표준어로 이 풀을 뭐라고 불러야 할지 모르겠다. 표준어로 말하는 풀을 사용한 연은 아마 다르게 날 것 같다. 그리고 연을 만들 때 빼고는 밀가리 물로 뭘 할 수 있는지 도무지 모르겠다.

나는 집에 돌아가 처음부터 다시 시작했다. 아버지가 아직 직장에서 돌아오지 않은 오후에 혼자 만들었다. 아버지는 밀가리 물을 말도 안 되는 소리라고 했을 테니까. 하기야 말도 안 되는 게 맞겠지. 하지만 나는 연에 관한 한 모든 것을 알고 있는 열두 살짜리 어른을 믿었으므로 연을 새로 만들었다. 끈을 팽팽하게 묶고 종이를 잘라 물에 푼 밀가루로 붙이고는 들판으로 나갔다. 이번에도 왼쪽이나 오른쪽으로 푹 꺾일 줄 알았는데, 연은 공중에 떠 있었다, 떠 있었다, 한 시간 내내 떠 있었다. 밀가리 물을 사용한 연만 날 수 있다는 것은 확실하다. 이건 염소 치는 농부의 경우와 마찬가지로 오랜 전통이다.

  왜 그러냐고? 그냥 그러니까!

개미와 코끼리

어린 소녀가 동물원 한구석에 쪼그리고 앉아, 작은 손가락으로 바닥을 가리키며 소리친다.
"엄마, 이거 봐요! 진짜 마요네슬리!"
그러자 아이 엄마가 말한다.
"이제 제발 좀 이리 와! 여기 코끼리가 있어. 이리 와서 코끼리를 봐!"
아이가 계속 '마요네슬리'를 사랑스럽다는 듯이 바라보며 말을 걸고 즐거워하자, 엄마가 와서 아이 손을 잡고 코끼리 쪽으로 끌고 간다. 나는 모녀가 멀어질 때까지 한동안 그 자리에 서 있다가 아이가 '마요네슬리'를 발견했던 장소로 다가가 개미를 내려다본다(개미는 독일어로 '아마이제'인데, 아이가 잘못 발음한 것). 개미들은 아름답다. 마음에 든다. 눈과 짧은 다리가 있다. 나는 개미를 평생 처음 보는 듯한 기분이다. 온갖 이국적인 동물들 틈에 끼어 우연히 이곳에서 사는, 이국적이고 낯선 개미. 철조

당 뒤편에 있었더라면 개미도 동물원의 동물이 되어 사람들의 관심을 받았을 것이다.

어른들은 아이들을 데리고 동물원에 간다. 아이들과 함께 크리스마스를 보내고, 놀이동산이나 서커스에 아이들을 데리고 가는 것과 비슷한 경우다.

몇 년 전 졸로투른에서 베른행 기차를 탄 적이 있다. 어떤 여성이 아이 둘을 데리고 기차에 탔다. 아이들은 여행을 전혀 달가워하지 않았다. 그날 뭔가 다른 일을 할 계획이었던 것 같다. 다음 정거장에서 다른 여성 한 명이 올라탔다. 두 여성은 인사를 나누고, 열심히 이야기를 하기 시작했다. 그러다가 나중에 탄 사람이 어디 가느냐고 묻자, 먼저 탄 사람이 대답했다.

"농업 전시회에 가요. 나는 가기 싫은데, 아이들이 전시회라면 워낙 좋아해서요."

아이들이 알리바이가 된다. 아이는 어른이 좋아할 만한 것을 좋아해야 한다. 나는 아동 도서를 볼 때도 이런 인상을 자주 받는다.

동물원의 셀프서비스 식당에 앉아 있는데, 어떤 여성이 어린 사내아이와 함께 들어온다. 아이는 제일 먼저 눈에 띄는 의자로 달려가더니, 그걸 잡고 아주 힘겹게 밀며 식당을 가로지른다. 아이는 힘들어 보이고, 의자는 삐익 또는 삐걱삐걱 소리를 낸다. 아이는 다른 의자들을 지나 식당의 다른 쪽 끝으로 간다. 그곳이 아이의 목적지다. 움푹 들어간 벽에는 사용한 식기들을 올려놓으면 부엌으로 다시 들어가는 벨트가 설치되어 있다. 아이는 벨트 앞에 의자를 세우고 그 위에 올라서서 움직이는 벨트를 신이 나서 바라본다. 이 아이는 이곳에 처음 오는 게 아니고, 또 움직이는 벨트를 보기 위해 동물원에 오는 게 거의 확실하다. 아이 엄마도 이 사실을 알고 있을 뿐더러 아이를 이해하는 것 같다.

 내가 열일곱 살이었으니, 그 아이보다는 이미 나이를 조금 더 먹었을 때의 일이다. 그때 나는 졸로투른 사범학교의 기숙사에 살았는데, 누군가 뇌샤텔(뇌샤텔 주의 주도)에 '굴러가는 계단'이 있다고 말했다. 우리 넷은 그 계단을 보러 오후 수업이 없는 날 자전거를 타고 뇌샤텔로 갔다. 그 계단은 길에서부터 극장 입구가 있는 중이층까지 이어졌다. 무척 짧긴 했지만 어쨌든 굴러가는 계단이었다. 우리는 쫓겨날 때까지 계단을 오르락내리락한 뒤에 졸로투른으로 돌아왔다. 그 뒤 얼마 지나지 않아 에스컬레이터는 지극히 당연해졌고, 우리는 아무런 기쁨이나 관심도 없이 이것을 이용했다.

 어른들에게는 추억의 흔적만 남는다. 동물원 방문은 세상—

그 세상이 아무리 작더라도—을 하나의 사건으로, 무척이나 아름다운 사건으로 경탄했던 어린 시절에 대한 추억이다. 이제 나는 팻말에서 팻말로 옮겨 가며 동물 우리를 지나치고, 단순히 동물들의 이름이 무엇인지에만 관심이 있다. 내일이면 잊어버릴 텐데도 지금은 기필코 알려고 한다. 아버지들도 팻말에서 팻말로 걸음을 옮기며, 지식의 신처럼 아이들에게 동물 이름을 전달한다. 이름을 알아야 할 필요를 느끼지 않고도 이미 동물들에게 감탄하고 있는 아이들에게. 그건 그렇고, 아프리카나 아시아에서 온 동물들도 이름은 독일어로 쓰여 있다. 동물들 스스로는 자기 이름이 무엇인지 모른다. 세상은 자기 이름을 모른다. 우리가 이름을 붙여 부르면서 세상을 멀리하는 것이다. 알바니아인, 프랑스인, 터키인……. 우리가 더 높은 존재의 동물원에 갇히게 된다면, 팻말에 아마 이런 글이 적히겠지.

'인간. 기원은 메소포타미아나 인도 또는 북아메리카로 추정되나 지금은 전 세계에 서식함."

괴테는 "경험은 언제나 이념의 패러디"라고 말했다. 마요네슬리에 감탄하는 어린 소녀는 아마 이념에 해당할 것이다. 그 아이도 이제 얼마 안 있어 온갖 종류의 코끼리—예를 들면 정치적인 코끼리—를 경험하게 되겠지.

그 여자 이름이 도대체 뭐였지?

　　　　　　　　　　　내 방 창문 바깥의 나뭇가지에 앉아 있는 아름다운 새의 이름이 무엇인지 왜 꼭 알아야 할까? 새도 자기 이름이 되새인지 딱새인지, 참새인지 종달새인지 알지 못할 텐데. 새를 잘 안다고 알려진 사람도 보통은 그저 이름만 알 뿐이다. 내가 누군가의 이름을 안다고 해서 그 사람을 안다고 할 수는 없다. 하지만 나는 이웃 사람들의 이름을 부르며 인사한다. 그들은 그런 인사를 받을 권리가 있고, 새들과는 달리 자기 이름이 뭔지도 안다. 슈반더 부인은 보넨블루스트 부인이나 마이어 부인이 아니다. 그리고 음…… 아무개 부인도 아니고. 이름의 어려움이 벌써 시작된다. 아무 이름, 그저 아무것이든 하나. 하지만 생각나는 이름이 없다. 아무 이름이라는 것은 없으니까. 흔한 마이어조차도 아무 이름이 아니다. 마이어만 마이어다.

　어린 여학생 몇 명이 나를 인터뷰한다. 학교 숙제다.

"책을 몇 권 쓰셨어요?"

"책 한 권 쓰는 데 시간이 얼마나 걸리나요?"

지금까지 듣고만 있던 가장 어린 소녀가 입을 연다.

"이름을 어떻게 생각해내셔요?"

나는 이 소녀가 나와 같은 직종에 있는 동료라는 사실을 알아챈다. 이 아이도 아마 내가 예전에 그랬듯이 사람들 몰래 소설을 쓰고 있을 것이다. 전화번호부를 뒤져보는 괴로움도 이미 아는 듯하다. 아무 이름이나 하나, 특이한 이름 말고 그저 아무 이름 하나. 하지만 이름 하나 찾기는 며칠씩이나 걸리기도 한다. 나는 이름 찾는 방법을 가르쳐주지는 않지만, 동료로서 아이와 대화를 나눈다. 다른 아이들은 지루해한다. 다른 아이들은 그저 얼마나 걸리는지, 얼마나 많은 책을 썼는지, 얼마나 두꺼운 책인지를 알고 싶어 한다.

소설 속에서도 이름은 영원히 남는다. 햄릿을 야콥으로 대체할 수는 없다.

흥겨운 자리에서 농담을 하다가 내가 늘 그렇게 부르던 어떤 인물의 이름이 갑자기 떠오르지 않으면, 이야기를 중단하고 핵심을 잃어버렸다고 변명하는 수밖에 없다. 청중 모두 모르는 이야기라 아무 이름이나 써도 그들에게는 새롭다고 하더라도, 다른 이름을 사용한다면 같은 이야기가 아니다. 더 이상 내 이야기가 아닌 것이다. 햄릿의 이름이 야콥이라면 그 이야기는 더 이상 작동하지 않는다.

나는 아마 이런 이유에서 창문 바깥 나뭇가지에 앉아 있는 새의 이름을 알고 싶어 하겠지. 그저 '새'가 아니라 이름이 '참새'라면, 그 새는 자기 이야기를 얻게 되는 거니까.

"음식점 '장미'의 주인 이름이 도대체 뭐였지?"

"좀머 부인이었어."

"그래, 그와 비슷했지. 하지만 좀머는 아닌데. 음…… 아니야, 좀머는 아니었어."

그러다가 삼십 분 뒤에 갑자기 누군가가 말한다.

"파이어! 파이어 부인이었어."

둘러앉은 사람들의 얼굴이 환해진다. 이름이 돌아왔다. 그러나 이제는 더 이상 존재하지 않는, 그 옛날의 멋진 '장미'에 대한 이야기는 이어지지 않는다. 그러다가 십오 분쯤 뒤에 다른 사람이 다시 말한다.

"맞아, 파이어 부인이었지."

그러자 둘러앉은 사람들은 모두 그 이름을 한 번씩 불러본다. 이름 자체가 이야기다. 올바른 이름이 없으면 더 이상 이야기가 아니다. 그 남자 이름이 뭐였더라, 뭐더라? 그래, 맞다. 햄릿!

이름을 기억하려고 애쓸 때 우리는 이야기도 다시 끌어온다. 이름은 무척 무겁다. 선과 악이, 이야기와 이야기들이 실려 있다. 이름을 다시 끌어오는 일은 고역이다.

술집에 단골로 오는 나이 든 남자들은 매일 이름을 기억해내려 애쓰며 시간을 보낸다. 버섯 이름, 꽃 이름, 새 이름, 옛날에 다니던 온갖 술집 이름, 그 술집의 종업원 이름, 주인 이름……. 이름을 잘 기억하지 못하겠다고 모두 쿨평한다. 하지만 사람 이름을 잘 기억한다고 해도 이름을 만들어내는 데는 도움이 되지 않을 것이다. 이름은 멀리서 온다. 드디어 도착한 이름은 살가운 환영을 받는다.

지금 쓰는 이 글은 칼럼이다. 내가 이야기하려던 사람의 이름이 기억나지 않아 쓸 수 없었던 칼럼. 다른 이름을 썼더라도 독자들은 그 칼럼을 읽을 수 있었을 것이다. 사람들이 알아채지 못하게 그 이름을 다른 이름으로 대체했어야 하는지도 모른다. 그러나 올바른 이름을 넣지 않으니 이야기에 윤곽이 없었다.

'생각하지 않고 있다 보면 아마 기억날 거야.'

나는 나 자신을 이렇게 위로한다.

그 이름을 생각하다가 다른 이름이 떠올랐다. 마르쿠스인데,

이 이름은 몇 년 동안이나 나를 공포에 떨게 했다. 나와 동갑인 마르쿠스는 내가 만난 사람들 가운데 가장 사악했다. 모든 것, 모든 사람을 괴롭혔다. 그가 어떻게 생겼는지, 무슨 사악한 짓을 했는지 이제는 더 이상 기억나지 않는다. 서른 살 때까지는 기억이 났던 것 같다. 소름 끼치는 이야기 속에 들어 있던 이름 마르쿠스. 이제 갑자기 이야기는 사라지고, 벌거벗은 이름만 남았다. 경악이 사라졌다는 사실이 나를 경악하게 한다.

'이해하기' 보다 '듣기'

아주 오랫동안 못 보던 친구를 우연히 만났다. 나는 이야깃거리가 많은 이 친구를 좋아한다. 하지만 나는 다른 사람과 이야기하던 중이었고, 게다가 예상치 못하게 그를 만나 놀랐다. 나는 우리가 자주 만나던 시절을 떠올렸고, 그는 이야기하고 또 이야기했다. 나는 그가 이야기하는 내용의 일부분만을 이해했다. 그가 불쑥 이런 말을 했다.

"자네는 아직도 다른 사람의 말에 귀를 기울일 수 있는 사람들 가운데 한 명이군."

그의 진지한 말에 부끄러워져서 나는 아무런 대답도 하지 않았다.

막스 프리쉬(Max Frisch)의 설문지에 있는 질문 하나가 떠오른다.

'죽은 사람을 생각할 때 그 사람이 당신에게 말하기를 원합니까, 아니면 당신이 그에게 뭔가 말하고 싶습니까?'

단순한 질문이지만 그에 대한 내 대답은 나 스스로도 놀랍다. "예, 내가 그 사람에게 많은, 아주 많은 이야기를 하고 싶습니다. 그동안 무슨 일이 일어났는지 말이지요."

말을 할 때면 나는 온전히 그곳에 존재한다. 내 건너편에 앉은 상대방도 오로지 나만을 위해 존재한다. 술집에서 엄청나게 취한 사람은 이야기하고, 이야기하고, 또 이야기한다. 이야기하는 동안만큼은 그는 아직 존재한다. 그는 대답을 원하는 게 아니다. 술에 취해 이제 남의 말에 귀를 기울일 수 없으므로.

몇 년 전, 어느 방학 캠프에서 지적장애인들을 위해 낭독을 해달라는 의뢰를 받은 적이 있다. 거절하지 못했지만 그런 일이 가능하리라고는 생각하지 않았다. 나는 내가 쓴 글들을 세밀하게 읽으며 가장 간결한 이야기를 찾아 이를 다시 단순하게 다듬고는 낭독 계획까지—평소에는 거의 하지 않는 일이다—세웠다. 그러나 막상 그곳에서 낭독을 할 때는 그 계획을 포기하고, 아마 문학적 소양이 있는 청중 앞에서 읽었을 것과 똑같은 내용을 낭독했다. 나는 그들보다 더 집중해서 듣는 청중들을 만난 적이 없다. 그들은 정말 귀를 기울였다. 얼마나 집중하여 듣는지, 낭독하는 내가 그들의 '듣기'를 몸으로 느낄 정도였다. 나는 계획보다 오래 읽었고, 읽는 게 재미있었으며, 내 이야기들을 다시 좋아하게 되었다.

그들이 내 이야기를 이해했을까? 모르겠다. 하지만 그들은 정말 집중해서 들었다. 내가, 우리가 할 수 있는 정도보다 더 집중해서. 그리고 그들은 능동적으로 들었다.

낭독이 끝난 뒤 질문 시간이 되자, 어떤 남자가 나에게 내일 날씨를 물었다. 그는 나를 라디오 방송국 직원이라고, 그리고 라디오는 날씨에 대해 안다고 생각한 것이다. 하지만 내 글에 대해 묻는 사람들도 있었다. 그 전까지는 듣지 못한 질문들이었다.

"왜 그 이야기에 자동차는 나오지 않나요?"

"코끼리 이야기는 안 쓰나요?"

그러고는 자기들 이야기를 하기 시작했다. 내 이야기가 그들의 이야기를 불러일으켰다는 사실만 빼고는 내 이야기와 아무런 관련도 없는, 아주 다른 이야기들이었다. 내 이야기를 듣고 자기의 이야기를 떠올린 능동적인 청중. 그들의 머릿속에서 일어나는 일을 우리가 '이해'라고 표현하지 않을 수도 있지만, 나는 그곳에서 청중에게 이해를 받는다는 느낌이 들었다. 어쩌면 '듣기'란 '이해하기'보다 훨씬 단계가 높은 것인지도 모른다. 우리는 결국 대단찮은 청중일 것이다. 언제나 성급하게 이해하려고 하니까. 이해하지 못한다는 사실을 인정해야만 우리는 진정으로 들을 수 있다.

열두 살 때 나는 올텐 시립 도서관에 처음 갔다. 친구들은 그곳에서 칼 마이(Karl May, 인디언 소설을 많이 쓴 독일 대중 작가)의 작품들을 빌렸다. 나도 그럴 생각이었지만, 창구 앞에 서자 내 속에 있던 속물근성이 승리했다. 오로지 사서에게 깊은 인상을 주기 위해 나는 "괴테 작품"이라고 말했다. 괴테 전집 중 처음 두 권을 빌려와 시를 차례차례 몽땅 읽고, 사흘 뒤에는 3권과 4권을 빌려왔다. 나는 점차 중독, 그러니까 철자에 중독되어갔다. 내용도 모른 채 철자를 집어 삼켰다. 괴테와 슈티프터(Adalbert Stifter), 에브너-에셴바흐(Marie von Ebner-Eschenbach)를 그냥 들었다. 그들의 말을 즐겁게 듣는 습관을 들였고, 많이 이해하지 못하면서도 그들에게 귀를 기울였다.

읽기는 듣기의 형태 가운데 하나다. 그때 나는 그렇게 할 수 있었다. 약간 교육을 더 받고 조금 더 숙달된 지금은 읽으면서 성급하게 이해하기 시작한다. 이제 어쩔 도리가 없다. 순진무구했던 과거로 돌아갈 수는 없는 것이다. 하지만 장 파울을 읽으며, '이해하기'를 거부하려고 약간 노력한다. 그에게 귀를 기울이기 위해서다. 귀 기울여 듣기에는 관용이 필요하고 선입견이 없어야 하는데, 이른바 경험이라는 게 많아질수록 그게 점점 더 어려워진다.

  나를 성급히 이해하지 않은 탁월한 청중, 지적장애인들이 그때 이 사실을 기억나게 해주었다.

스테이크용 포크를 바라보며

아버지 같은 친구 막스는 베를린에서 밤새 술을 마시고 내 앞에 버티고 앉아 인생을 이야기했다. 그의 일장 연설을 여기에 기꺼이 소개하고 싶지만 그게 무척 훌륭하고 감동적이며 장엄한 모노드라마였다는 것, 그리고 나에게 깊은 인상을 남겼다는 것밖에는 기억나지 않는다. 내 인생에서 무엇이 아직 더 필요한지에 관한 훈시였다. 예를 들어 여자 친구가 필요하다고, 직조공이 좋겠다고 했다. 맞다, 그는 분명히 그렇게 말했다. 그건 아직도 기억난다. 그리고 여행할 때 사용할 아주 가벼운 타자기도. 그는 다른 방으로 가서 그런 타자기를 가지고 오더니, 나에게 선물하겠다고 고집을 부렸다. 그다음에는 가죽 서류철을 가지고 와서 선물하겠다고 했고, 곧이어 말도 안 되는 온갖 물건들을 끌고 왔다. 만년필, 접이식 야전 의자, 보온병, 아주 좋은 손전등, 천체 지도……. 이런 것들, 그리고 더 많은 다른 물건들을 주겠다고 했다. 나는 탁월한 배우나 어릿광대의 공연을 볼 때처럼 그의 연설을 그저 몇 시간 동안 앉아서 듣기만 하며 입을 다물고 있었다. 하지만 선물은 장황한 변명을 들어가며 공손하게 거절했다. 그런 타자기와 보온병은 이미 가지고 있고 천체 지도는 자네에게서 몇 년 전에 이미 선물로 받았으며, 게다가 이 모든 물건을 끌고 스위스행 비행기를 탈 수는 없지 않느냐고. 그러자 그는 엥가딘에 있는 자기 별장을 사용하라고도 했고, 포르투갈에 친한 친구가 한 명 있는데 나도 그 집에서 묵을 수 있을 거라고도 했다. 그러고는 리스본 지도를 가지고 와서, 내가 리스본에 가면 그 도시의 첫인상을 얻기 위해 첫날에 어떤 코스로 움직여야 할지 아주 정밀하게 그렸다. 어느 레스토랑에서 커피를 마셔야 할지, 그 뒤에는 어느 노천카페에서 적포도주를 한잔 마셔야 할지도 설명했다.

창밖으로 이미 새날이 밝아올 무렵, 그는 다시 다른 방으로 가더니 한참 동안 오지 않았다. 잠자리에 들었나 보다 생각했는데, 최고급 가죽 가방을 들고 와서는 열어 보이며 칸의 용도를 설명했다. 한 칸에는 셔츠 두 장, 한 칸에는 종이와 필기도구, 다른 칸에는 여권과 증명서들……. 그러고는 덧붙였다.

"자네는 이런 게 필요해. 이런 가방은 그냥 들고 비행기에 올라타 뉴욕으로 갈 수 있지. 짐을 따로 부치지 않고 말일세. 하지만 이건 자네에게 선물할 수 없네. 나한테도 필요하니까."

그로부터 며칠 뒤—나는 여전히 베를린에 있었다—평생 다섯 번이나 도주해야 했던 어떤 여성을 만났다. 첫 번째와 두 번째는 엄마와 함께, 나머지 세 번은 그녀 홀로였다. 그녀는 그때 상황을 불평한 게 아니라 그저 어느 장소에 얼마나 있었는지만 짧게 언급했고, 청소년기 내내 도주하며 지냈기 때문에 그게 거의 당연할 정도였다고 말했다. 근심과 걱정, 공포와 추위에 대한 질문에는 그저 어깨만 으쓱하는 것으로 대답을 대신했다. 격정도, 극적인 묘사도 없이. 그러다가 갑자기 큰 목소리로, 여기 베를린 집에 사는 몇 년 동안 잡동사니가 엄청나게 많이 쌓였다고 불평했다. 도주를 다니는 동안 짐 버리기만큼 잘하는 일은 없을 정도가 되었는데도.

나에게 제 살림의 반쯤을 선물하려 했고, 도주를 권했던—여자 친구에게로, 엥가딘으로, 리스본과 뉴욕으로—막스가 생각났다. 그러나 짐을 버리려던 사람은 내가 아니라 그였다. 그는 내 도주가 아니라 자기 도주에 대해서 이야기했다. 혹시 내가 그를 대신해서 도주해야 했던 걸까?

"도주할 때 어떤 걸 가지고 갔나요?"

내가 묻자 그 여성은 이렇게 대답했다.

"첫 번째 도주 때 작은 장난감 손수레에 뭘 실었는지 아직까지도 아주 정확하게 기억나요. 앨범 세 권, 그 전에는 거의 가지고 놀지 않았지만 막상 도주하게 되자 꼭 가지고 가야겠다고 생각한 인형 하나, 별로 필요 없는 물건들, 편지, 노트, 책들……. 그러니까 어릴 때 가지고 있던 것들을 몽땅 넣었죠."

'그래서 첫 번째 도주 때 가지고 간 물건들 중에 아직도 남아 있는 건 뭔가요?"

"심지 자르는 놋쇠 가위. 아무 의미도 없는 물건이에요. 추억이 담긴 가위도 아니고. 계속 버려야지 생각하는데, 그 가위는 늘 나에게 붙어 있네요."

낡은 스테이크용 포크가 생각난다. 녹은 이미 오래전에 없앴지만, 포크에 녹이 심하게 슬었던 자국은 남아 있다. 오래전 우연히 또는 멍청한 짓 때문에 등장한 포크다. 아마 우리 아들이 쓰레기통에서 주워 왔을 것이다. 나는 그때 이미 포크를 버리려고 했고 또 사실 몇 번이나 버렸지만, 끈질기게 되돌아왔다. 이제 그 포크만 보면 짜증이 난다. 포크에 담긴 추억은 아무것도 없다. 그러나 어쨌든 여기 있다. 그리고 이미 오래전부터 여기 있다는 그 이유 하나 때문에 이제는 버릴 수도 없다. 우리는 서로 별로 좋아하지는 않지만 소속이 같다.

발견의 자유

좁은 내 부엌에 오래전부터 한 남자가 서 있다. 그는 자리를 차지하지 않는다. 내가 그의 옆을 지나갈 때 우리는 서로 인사조차 나누지 않는다. 그는 오른쪽 겨드랑이에 실크해트를 끼고 분홍색 옷을 입고 있는데, 상당히 꼼꼼한 인상을 풍긴다. 그동안 나는 늙었지만 그는 젊은 모습 그대로다. 하지만 그도 변했다. 당시에 그는 장발인 데다 지저분하다는 평가를 받았지만, 지금은 깔끔하고 유행을 잘 따르는 듯이 보인다.

내 부엌에는 거의 실물 크기의 링고 스타(비틀스의 멤버) 그림이 걸려 있다. 내 친구 폴이 그린 것으로, 내가 무척 마음에 들어 하자 그가 오래전에 선물로 주었다. 그때부터 링고 스타와 나는 함께 살기 시작했다. 우리는 서로의 눈에 잘 띄지 않는다. 그는 그냥 여기 있고, 나도 그냥 여기 있다. 그러다가 갑자기 그가 눈에 들어오면 일종의 압박감이 나를 엄습한다. 그가 오랫동안 내 눈에 띄지 않았다는 사실이 어딘지 모르게 거의 부끄러울

지경이다. 그림은 여전히 내 마음에 들지만, 수십 년 전부터 내 부엌에서 나와 함께 살고 있는 링고 스타는 내 인생에서 사라졌다.

참 유감스럽다. 그는 이런 대접을 받을 이유가 없고, 나도 이러면 안 될 텐데.

그때 나에게 비틀스나 롤링 스톤스 또는 엘비스 프레슬리의 〈하트브레이크 호텔〉이 얼마나 중요했는지 나는 이제 더 이상 알지 못한다. 아마 더 중요한 일들도 분명히 많았을 것이다.

그러나 내가 예전 언젠가 이들을 '발견'했다는 사실은 아직도 기억한다. 엘비스 프레슬리의 노래를 처음 들었던 장소도 알고 있다. '북쪽에서'라는 술집의 주크박스에서였다. 당시에는 라디오에서 엘비스 프레슬리도, 롤링 스톤스도 아직 들려주지 않을 때였다. 이들에 대해서—이런저런 스캔들과 팬들에 대해—듣긴 했지만, '발견'은 우리 스스로 해야 했다. 우리는 '북쪽에서'의 주크박스에 엘비스 프레슬리라는 가수의 음반이 있다는 소문을 온 동네에 냈다. 사람들은 '북쪽에서'로 가서 엘비스 프레슬리를 발견했다. 이른바 독립적으로, 그러니까 그 일이 중요한지 아닌지 여부와는 상관없이.

중요한 것은 '발견'이었다.

그보다 몇 년 전 내가 한 달에 한 번 서는 졸로투른 시장에 가서, 낡은 싸구려 소설과 미키마우스 만화책 틈에서 어떤 책 두 권을 발견했을 때처럼. 두 권에 1프랑켄이었다. 한 번도 들어본 적이 없는 로베르트 발저라는 작가의 책이었는데, 나는 무척 깊은 감명을 받았다. 독일어 선생님에게 발저를 알고 있는지 질문한 것은 지독한 실수였다. 선생님은 발저를 몰랐고, 나를 안 좋게 생각했다. 몰라도 되는 것을 유식한 사람에게 질문한 나는 무식한 사람이 되었다. 나도 선생님을 나쁘게 생각했고, 그에게서 배우는 동안 심히 괴로웠다.

우리는 뚜렷하게 명시된 금지 조항들, 그리고 특히 무언의 금지 조항들 속에서 살았다. 우리는 어른들과 유식한 사람들, 선생님들에게 대항하여 무엇인가를 발견하기 시작했다. 나는 독일어 선생님에게 대항하여 다다이스트들을, 미술 선생님에게 대항하여 클레와 피카소를 발견했다. 무엇이 좋고 나쁜지, 무엇이 고귀하고 천박한지 분명히 알고 있는 어른들의 안전한 세상은 우리가 넘어서야 할 경계였다. 우리는 거의 아무런 정보도 없었지만 우리만을 위한 세상을 정복했다.

나는 여전히 비틀스와 롤링 스톤스를 좋아하고, 즐겨 듣는다. 그러나 듣다 보면 당시의 음악이 이제 얼마나 얌전하게 들리는지 깨닫고는 깜짝 놀란다. 이 음악들은 금지의 숨결을 영원히 잃었다. 누가 아직도 롤링 스톤스의 〈롤 오버 베토벤〉 때문에 분노하려고 할까. 그리고 모든 것에 대한 정보가 있는 곳에는 발견할 것들이 더 이상 남아 있지 않다.

그런 곳에는 오로지 배울 것밖에 없다. 우리는 이제 모든 것을 배울 수 있게 되었다. 얼마 전까지만 해도 무언의 금지였던 것들이 지금은 배우면 자격증도 받는다. 그러나 학습은 발견과는 다르다. 발견은 정복이지만, 학습은 그저 습득에 불과하다.

아프리카 탐험가가 되겠다던 당시의 순진한 꿈을 이제는 더 이상 꿀 수 없다. 미지의 땅은 지도에 한 군데도 남아 있지 않으니.

그러나 식당차에서 건너편에 앉은 나이 든 노파가 나를 감동시켰다. 그녀는 종이에 한문을 쓴 뒤 책에 적힌 글씨와 비교하고는, 눈을 감고 머릿속에 기억한다. 그녀는 배우는 중이다. 배움은 매혹적이다. 그녀는 학습하면서 아마 발견도 할 것이다.

어린아이들도 매혹적이다. 아이들은 학습하는 게 아니라 발견한다. 날마다 세상을, 그리고 소리와 낱말을, 언어와 연관성을 발견하는 것이다.

내가 걱정하는 것은 지금과 같은 '학습 히스테리'다. 이런 경우는 그저 배우고 가르치는 일밖에 없다. 이제는 습득만, 규격화만 남아 있다.
 어쨌든 모든 것이 규격화된다면 규격화에 대항하는 '교양 없는' 자유, 발견의 자유가 다시 등장하겠지.

저녁에 만난 노벨상 수상자 두 명

방금 전까지 사람들은 여기서 축구 이야기를 나누고 있었다. 나도 축구를 좋아한다. 공이 두 개의 골포스트와 하나의 크로스바 사이로 들어가느냐 안 들어가느냐에 따라 큰 기쁨과 큰 슬픔이 갈린다는 사실은 무척 기이하다. 공을 넣는 사람들은 탁월한 전문가이고 진짜 예술가며, 이들의 경기는 관중들에게 깊은 감동을 줄 수 있다. 하지만 나도, 그 누구도 공이 골대로 들어가는지 안 들어가는지 관심이 없다면 선수들의 능력도 아마 아무 소용이 없을 것이다.

저녁 늦게 피곤에 지친 내가 이곳 술집에 들어섰을 때, 경기는 이미 끝난 뒤였다. 나는 그저 큰 기쁨과 큰 슬픔만 확인했다. 누구와 누구의 경기였는지 물어볼 기분이 아니었고, 사람들의 기쁨도 별다른 이유 없이 그저 떠도는 느낌이었다 공을 골대에 넣으려는 노력도 어쩌면 헛된 것일지도 모른다는 생각은 그래서 들었다. 다 피곤해서 든 생각이었다. 무척 힘든 하루였다. 나는 몇 시간이나 책상 앞에 앉아 뭔가 쓰려고 했지만 아무 생각도 나지 않았다. 아무런 단어도, 아무런 문장도, 아무것도. 이미 옛날부터 알고 있는 익숙한 괴로움. 그래서 여기 앉아 버스를 기다리고, 포도주를 한잔 마시며 내일을 기다렸다. 그러나 내 뇌는 계속 회전하며 오늘 떠오르지 않은 낱말들을 찾고 있었다. 술집은 뒤쪽 식탁에 아직 세 명이 앉아 있을 뿐 나머지 자리는 텅 비었다. 나는 빈 술집을 좋아한다. 빈 술집은 지나간 떠들썩한 잔치와 그 끝을 떠올리게 한다. 취한 잔치들, 그러나 사실은 잔치가 아니었던……

어떤 손님이 들어와 내 뒤쪽 식탁에 자리를 잡고, 포도주 한 잔을 주문했다. 얼마쯤 시간이 흐른 뒤 그가 나에게 오더니, 혹시 이런저런 사람이 아니냐며 동석해도 되겠는지 물었다. 자기는 오랫동안 미국에 살던 사업가로, 이제 이 인근으로 다시 왔다고 했다. 나는 그저 의례적으로 미국 어디에서 살며 뭘 했는지 물었지만, 그의 대답은 신통치 않았다. 그러다가 드디어—하필이면 지금—그도 작가이며, 벌써 일곱 권의 책을 출간했음이 밝혀졌다. 자기 책에는 모두 아이에스비엔(ISBN)이 있다고 말했다. 나는 이 번호가 무슨 뜻인지 도무지 알 수 없었다. 그래서 제대로 대답해주기 위해 출판사로 전화해서 담당 편집자에게 굴었다. 그에게는 이 번호가 아주 중요했으니까. 이 번호는 그에게 자기 책들이 진짜 책이라는 증거였다. 나는 물론 그가 쓴 책의 내용이 무엇인지 물었다. 그는 그것에 대해서는 말하지 않으려 했다. 제대로 된 번호가 붙어 있는 책, 그거면 충분했다. 나는 아무 생각도 나지 않았다. 하루 종일, 그리고 지금까지도.

그때 '목사'가 술집에 들어섰다. 술집 주인은 그를 그렇게 불렀다. 그가 늘 목사와 같은 억양으로 설교를 하려고 했기 때문이다. 그는 술집 한가운데 버티고 서서 숨을 깊이 들이마시다가, 서서 설교를 하기에는 사람이 좀 적다는 것을 알아채고는 자리에 앉았다. 그리고 아마 나를 생각해서인지 점잔을 빼며 노동운동 역사상 위대한 사회민주당원들의 이름을 열거하기 시작했다. 나는 그의 박식함에 놀랐다. 그는 자신의 탁월한 지식을 연결하여 결론을 내려고 했지만 실패했다. 억양에서만 성공했을 뿐이다. 나도 이런 상황을 알고 있다. 하루 종일 경험했다. 그리고 나는 이 남자에 대해 조금은 알고 있다. 그는 지적장애인 교육 시설에서 자랐다. 그곳에 있는 훌륭한 여선생님 이야기를 했는데, 나도 그 여선생님을 알고 있다. 그녀가 그의 관심 영역에 대한 감각을 일깨워주었던 모양이다. 옆에 앉아 아이에스비엔을 이야기하던 사람은 짜증을 내며, 침입자에게 욕을 퍼부으려고 했다. '목사'는 내가 자기를 옹호하자 무척 기뻐하며, 가죽으로 된 명함 지갑에서 깔끔하게 코팅된 종이를 한 장 꺼내 나에게 건넸다. 숫자와 공식으로 가득한 그 종이는 아마 물리와 관계가 있는 듯했다. 무슨 뜻인지 모르겠다고, 나는 물리를 전혀 모른다고 그에게 말했다.

"상크트 마리엔 교회 종의 조율표예요."

그가 이렇게 대답하고는, 다른 교회 종의 조율표가 적힌 종이 한 장을 더 내밀었다. 나는 그가 이 모든 것을 안다고 생각하지는 않는다. 하지만 그는 이 종이를 소유하고 있다. 자랑스러운 소유물. 이 세상, 그러니까 교회 종과 관련된 세상의 모든 지식. 이런 삶에 관심이 있고 자기 날들을 기뻐하는 사람, 지식을 모으는 위대한 재야 학자. 축구처럼 쓸데없지만 적어도 그만큼 중요한 일들. 내 하루는 구원받았다. 버스를 타고 집에 가면서, 나는 기뻐하려고 진지하게 노력했다.

낱말들아, 일어서라

그 그린란드 선교사에 대해서는 벌써 오래전부터 더 이상 듣지 못했다. 그는 동토를 꿋꿋하게 밟고 나가 에스키모에게—그러니까 '이누이트'에게—그리스도교를 전파했다.

몇 달 전까지만 해도 그는 여러 신문과 잡지에서 거의 매일 언급됐다. 그런데 이제 갑자기 뭐랄까, 유행이 지난 모양이다. 신문에서 이름을 거의 찾아볼 수 없으니. 그가 어떤 사람이었는지, 어디 출신인지, 몇 세기에 살았는지, 어떻게 살았는지, 어떻게 죽었는지 전혀 모르지만 왠지 모르게 그가 그립다. 나는 '에게데'라는 그의 이름밖에 모른다. 그의 이름은 '아네' 또는 '아랄 해', '부부' 또는 '비좁음' 그리고 이미 언급된 이누이트처럼 원칙적으로 대문자로 써야 한다(알파벳으로 가로세로 낱말 퀴즈를 풀 때는 대문자로 적음). 신문들이 에스키모보다 이누이트라는 표현을 선호하는 이유는 에스키모가 욕설이기 때문이 아니라, 이누이트라고 써야—나와 취미가 같은 여성 동지들은 이 사실을 이미 오래전에 깨달았다—가로세로 낱말 퀴즈 칸에 끼워 넣을 수 있기 때문이다.

퀴즈에는 '이글루'도 가끔 등장하고, '경유(鯨油)'나 '간유(肝油)'도 나온다. 내가 이누이트에 대해 아는 거라고는 그게 전부다. 철자 몇 개뿐이다. 예를 들어 에게데에 대해서도 이제 더는 모른다. 퀴즈를 만드는 사람이 그 낱말을 더 이상 좋아하지 않으므로.

누가 이제 내 머리에서 불필요한 단어를 삭제해줄 건가? 하드디스크를 한번 정리해야 할 텐데.

'아네'는 그냥 남겨두자. 프랑스 작가인데, 경우에 따라 스위스 사람도 된다. '사드'나 '지드'처럼 아네도 낱말 퀴즈를 푸는 우리 같은 사람들만 아는 작가다. 우리는 그가 쓴 책도—그런데 딱 제목만!—알고 있다. 아네의 대표작인 '아리안느'는 보통 세로로 들어간다.

내 인생에서 얼마나 많은 시간이—몇 시간, 며칠, 몇 주—이런 단어들과 더불어 헛되이 흘러갔을까? 아름답게 꽃이 피거나 눈이 내린 곳으로 떠나는 기차 여행은 몇 번이나 놓쳤을까? 낱말 퀴즈를 풀면서 배운 것도, 경험한 것도 없다. 에게데라는 선교사는 고거 언젠가 살았고 아랄 해 역시 지금도 있긴 하다. 그러나 낱말 퀴즈 속의 낱말들은 의미도, 현실성도 없다. 이들은 오로지 칸을 채우고 다른 단어들과 십자로 만나기 위해서만 존재한다.

하지만 〈블리크〉가 월요일에도 낱말 퀴즈를 실으면서부터 월요일이 심심치 않게 됐다. 나는 일요일에는 〈타게스안차이거〉 즈말 판에 실린 트루디 뮐러-보스하드(유명한 낱말 퀴즈 집필자)의 낱말 퀴즈를 풀며 지낸다. 질문이 복잡하고, 때때로 낱말의 내용에 관한 것이라 어렵다. 퀴즈를 푼다는 것은 출제자와 싸우는 것이지만, 나는 보통 '단순한' 정답이 머리에 떠오른 다음에야 비로소 그녀에게 욕을 퍼붓는다. 출제자는 낱말의 내용에 관한 퀴즈를 냄으로써 가로세로 낱말 퀴즈의 기초적인 원칙을 어긴 것이다. 이건 그녀도, 나도 아는 사실이다.

낱말 퀴즈는 오로지 낱말, 그러니까- 순수하게 낱말에 관한 것이다. 낱말은 중독성이 있다. 낱말에 중독성이 없다면 말을 배우는 아이는 이 세상에 아무도 없을 것이다. 가로세로 낱말 퀴즈를 푸는 일은 유치하다. 바로 이 유치함 때문에 나는 여기서 손을 뗄 수 없다. 낱말들로만 이루어진 세상. 꼬마 노라는 '에코버'라는 단어를 얼마나 멋지게 발음했던가! 세제 이름 데코버는 아이가 처음 배운 아름다운 단어 가운데 하나였다. 세상의 모든 그리움이 이 낱말 속에—낱말의 내용이 아니라 울림 속에—들어 있었다. 미미는 '알루미늄포일'이라고 말할 때 '알루미늄'이 아니라 '포일'에 악센트를 주었다. 그 단어는 세상의 모든 아름다움을 품고 있었다.

'사마르칸트'가 내 마음에 들 거라고는 생각하지 않는다. 그곳에 갈 일도 없다. 그러나 사마르칸트라는 낱말은 아름답고, 이런 낱말이 존재한다는 게 마음의 위로가 된다.

나는 책에 달린 색인을 좋아한다. 색인은 관련 내용을 본문에서 찾아보기 위해서만 이용하는 게 아니다. 물론 뭔가 찾으려고 펴기도 하지만, 일단 펴면 거기서 헤어나지 못한다. 낱말, 낱말들. '아랄 해'는 더 이상 존재하지 않고 그렇게 울리는 낱말만 남으며, 프랑스 작가를 묻는 질문의 답은 언제나 '아네'라는 낱말뿐이다. 각운을 갖추어야 할 시에 운율이 맞지 않는 낱말은 필요 없듯이, 가로세로로 맞출 수 없는 낱말들은 격자 칸과 아무런 관련도 없다.

나는 사전이나 인터넷에서 한 번도 아네 또는 에게데 선교사를 찾아보지 않았다. 스스로 생각해도 이상하다. 하지만 찾아보는 행동은 왠지 모르게 배신처럼 느껴진다. 무척이나 아름다운 단어 '에코버'를 혀에서 굴리는 꼬마- 노라에게, 그건 그저 세제일 뿐이라고 퉁명스럽게 야단쳤더라건 저지르고 말았을 배신.

지금 내가 글을 쓰는 장소는 책으로 둘러싸여 있다. 이 책들 중에 내가 다시 한 번 읽게 될 책은 아마 몇 권 되지 않을 것이다. 아직 읽지 않은 다른 책도 많지만 이 책들도 필요하다. 이들은 한 세계나 몇몇 세계만 품고 있는 게 아니라, 낱말들로 가득하다. 아마 독일어의 모든 단어가 거기 들어 있을 것이다. 내 머릿속에는 얼마나 많은 단어들이 들어 있을까? 그 목록을 만들어야 할까?

"낱말들아, 일어서라. 나를 따르라!"

오스트리아의 시인 잉에보르크 바흐만(Ingeborg Bachmann)의 매우 아름다운 시 가운데 하나는 이렇게 시작된다. 낱말들, 낱말들. 이들은 사람을 미치게 할 수도 있다. 내일은 낱말들을 길들여, 격자 칸에 십자로 넣어보아야겠다.

작은, 아주 작은 소속감

크리스마스 이야기? 이런 건 어떨까. 경찰이 교통안전교육을 하기 위해 유치원으로 가서, 도로 사용자라는 게 뭔지 아는 사람이 있느냐고 묻는다. 물론 아는 아이는 단 한 명도 없다. 그래서 경찰은 이른바 아이들 눈높이에 맞춰야겠다고 생각하고 이렇게 말한다.

"바퀴가 네 개 달리고, 거리에서 부릉부릉 소리를 내는 게 있어요. 이런 걸 뭐라고 하지요?"

한 아이가 대답한다.

"자동차요."

"바퀴가 두 개 달리고, 부릉부릉 소리를 내는 건 뭐라고 하나요?"

"오도바이, 오토바이요!"

이번에는 다른 아이가 대답한다. 모페드, 자전거라는 대답도 나온다. 경찰이 다시 묻는다.

"하지만 도로 사용자 중에는 다른 것들도 있어요. 바퀴가 없고, 두 다리로 서 있거나 움직인답니다. 뭐라고 하지요? 어떻게 말해요?"

한 소녀가 대답한다.

"안뇽, 안녕하세요?"

이 이야기는 진짜다. 오래전에 내가 교사로 재직하던 학교의 부속 유치원에서 벌어진 일이다. 정말 아름다운 이야기라고 생각한다. 인간적인 온기가 법률의 차가운 이성에 맞서고 있지 않은가. 눈부시게 아름다운 이 '오류'의 원인은 아마 소녀가 경찰을 교양의 파수꾼으로 보았고, 그러니 인사를 하는 게 교양 있는 행동이라고 생각했기 때문일 것이다.

나는 인사를 잘한다. 그리고 사람들 대부분이 서로 인사를 하는 작은 마을에 사는 게 즐겁다. 인사는 내가 다른 사람들을 인식했다는 의미일 뿐 아니라, 소속감을 서로 표현하는 상징의 하나다. 인사를 받고 인사를 한다는 것은 우울한 날에 약간의 온기를 가져다주는 행위다. 자동차를 몰고 가는 사람은 이런 기회가 없다. 인사는 보행자의 특권이다.

아까 말한 소녀 말고 다른 어떤 소녀는—나중에 내 아내가 된 소녀—경찰에게 싹싹하게 인사를 하기만 하면 경찰이 자기에게 나쁜 일을 하지 않을 것이라고 믿었다. 경찰을 성 니콜라우스(산타클로스의 기원이 된 성직자)나 그의 시종 루프레히트랑 뭔가 혼동한 듯하다. 어쨌든 이것도 교양에 관한 아이의 상상 가운데 하나다.

어쩌면 이것도 크리스마스 이야기가 될 수 있을지 모르겠다. 버스 정류장에 한 남자가 서 있다. 백 퍼센트 스위스 사람이다. 외국 출신으로 보이는 두 소년이 그에게 다가와, 맥도널드로 가려면 어느 버스를 타야 하는지 묻는다. 남자는 운행표가 적힌 곳으로 다가가 읽어보고는 어느 버스를 타야 하는지 대답해준다. 길 건너편에서 타야 하며, 몇 시에 떠나는지도 가르쳐준다. 두 소년은 고맙다고 하고 건너편으로 간다. 그러다가 한 명이 멈추어 서더니 다시 남자에게로 되돌아와서 묻는다.

"아저씨도 알바니아 사람인가요?"

친절함의 전제 조건인 소속감. 소속의 축제인 크리스마스.

내가 매일 타고 다니는 버스에서 자주 보는 사람들, 함께 타고 가는 승객들은 서로 인사를 나눈다. 하지만 승객들이 잠에서 덜 깬 채 직장으로 가는 이른 아침에는 인사를 하지 않는다. 나는 그렇게 일찍 버스를 타는 일이 지극히 드물다. 아마 그래서 아침 버스 안이 소름끼칠 만큼 조용하다는 사실을 더 잘 느낄 수 있는 모양이다. 다음 정류장에서 장애인 두 명이 버스에 올라온다. 이들은 안전 설비가 갖추어진 그들의 작업장으로 가는 길이다. 둘은 버스에 올라와 크고 또렷한 목소리로 말한다. "모두들 안녕하세요?" 침묵을 지키고 있던 승객들은 기절할 듯이 놀란다. 마치 버스 습격 선포라도 들은 사람들처럼.

저녁에는 머리에 터번을 쓴 남자가 버스에 앉아 있다. 그는 벌써 이삼 년 전부터 우리 집 근처에 살고 있는 이웃이다. 장미를 들고 레스토랑을 전전하는데, 참 끔찍하게도 장사를 못한다. 독일어도 거의 못하고, 미소도 거의 짓지 않는다. 누군가 장미를 집고 돈을 내면 살짝 몸을 굽히기단 한다. 나는 이 년 동안 그에게 인사했지만, 그는 인사에 답하지 않았다. 언젠가 우리 둘이 정류장에서 버스를 기다린 적이 있다. 나는 그에게 영어로 말을 걸었고, 우리는 몇 마디 주고받았다. 그때부터 그는 싹싹하게 인사한다. 그가 자기 손을 가슴에 얹고 몸을 약간 굽히며 인사를 하면 나는 항상 기분이 좋다. 예전에 그가 인사에 대답하지 않을 때, 나는 거의 견디지 못할 지경이었다. 우리는 이제 드디어 같은 버스를 타는 셈이다. 나는 사실 그를 모른다. 그의 이름도, 그가 간직한 이야기들도. 그도 나를 모른다. 하지만 우리는 서로를 알아본다. 그는 이제 여기 있고, 나도 여기 있다.

우리는 이 버스를 탄다는 것 말고는 공통점이 거의 없지만 이제 정말 같은 소속감을 느낀다. 이 버스에 함께 탔다는 소속감. 작은, 아주 작은 소속감. 하지만 차가운 12월의 이런 밤에는 이렇게 작은 감정도 어느 정도 의미가 있지 않은가.

   즐거운 '소속'의 크리스마스 축제를 기원하며.

공용어가 여러 개인 나라에서

버스 뒤쪽에 청년 둘이 앉아 떠들썩하게 이야기를 하고 있다. 그 시끄럽고 열정적인 대화가 논쟁인지, 아니면 같은 대상—예를 들어 특정한 자동차 모델, 권투 선수 또는 어떤 운동 종목의 국가대표팀—에 감탄하는 것인지 잘 모르겠다. 어쩌면 그저 우정을 표현하는 싹싹한 대화를 늘 하던 방식대로, 열정적으로 나누는 것일 수도 있다.

나는 그들의 언어를 이해하지 못한다. 차에 오를 때도 두 사람을 못 봤다. 둘의 말소리만 들린다. 둘이 어떤 모습일지 상상해본다. 검은 머리카락, 챙이 뒤로 가게 쓴 야구 모자, 자기 몸보다 몇 치수 큰 청바지. 그저 내 상상이 맞는지 알아보기 위해 몸을 돌렸는데, 둘 중 한 사람의 눈과 마주친다. 그는 '당신이 무슨 상관이야?'라는 눈초리로 쏘아본다.

상상한 모습 그대로다. 나는 당황해서 묻는다.

"무슨 언어 인가요?"

한 명이 무척 거칠게 대답한다.

"아랍어요."

빠른 대답이 단순히 자랑스러움의 표현인지, 아니면 '당신이 무슨 상관이야?'라는 뜻인지 알 수 없다. 나는 "아름다운 언어군요"라고 말한다. 둘은 이해하지 못하겠다는 표정으로 날 바라보고, 나는 앞으로 몸을 다시 돌린다.

우리가 같은 정류장에서 내렸을 때, 한 명이 멈춰 서서 나를 보며 환한 미소를 짓더니 유창한 베른 사투리로 말한다.

"스위스 독일어도 아름답지유."

그로부터 며칠 뒤, 어두워지기 직전에 거리를 걷다가 어떤 남자 옆을 지난 적이 있다. 그는 세 살쯤으로 보이는 어린 딸을 설득하고 있었다. 아버지는 스위스 독일어로, 딸은 다른 언어—아마도 엄마 나라의 말로—로 대답하고 반박했다. 지나가며 인사를 하자, 그 남자가 나에게 말했다.

"아이가 집에 가지 않겠답니다. 여기 있겠대요."

그 말에 내가 "괜찮아요. 여기서 충분히 잘 수 있어요"라고 대답하자, 동맹군을 발견한 딸은 미소를 지으며 내가 모르는 언어로 나에게 이야기하고, 아버지에게도 활짝 웃어 보였다. 비록 내가 아이의 말을 이해하지는 못했지만, 아이와 나 사이에는 의견 일치라고 부를 만한 것이 이루어졌다. 아이는 아버지의 손을 잡고 가다가, 다시 한 번 뒤돌아서서 나에게 손을 흔들었다. 우리는 동맹군이고, 아이는 내가 자기를 이해한다고 느꼈을 것이다. 자기 언어를 내가 알아듣지 못한다는 것을 아마 알고 있을 턴데도.

예전에 누군가 나에게 연세가 많이 드신 자기 장인어른 이야기를 한 적이 있다. 그의 장인은 스위스 사람으로, 평생 건설 현장에서 노동을 했다. 언젠가 그는 장인을 모시고 가족과 함께 휴가를 떠나 토스카나의 어느 작은 마을에 묵은 적이 있다고 한다. 장인은 이탈리아에 처음 갔지만 이 나라가 전혀 낯설지 않았다. 예전에 일하던 스위스의 건설 현장에서 그는 언제나 이탈리아에 약간, 에스파냐에 약간, 유고슬라비아에 약간, 터키에 약간 있는 것이나 다름없었다. 그런데 휴가 첫날 장인은 동네 술집에 갔다가 깜짝 놀라 금방 돌아왔다.

"여기 사람들이 이탈리아어를 못하더라!"

그는 자기가 이탈리아어를 잘한다고 믿고 있었다. 하지만 그가 하는 이탈리아어는 아마 이탈리아어가 아니라, 건설 현장에서만 쓰이는 언어였던 모양이다. 그곳에서 사용되던 모든 언어의 혼합물이었을 것이다. 이탈리아어나 에스파냐어나 크로아티아어가 아닌, 배울 필요도 없고 누군가 만들어내지도 않은, 그냥 생겨난 언어. 알아들으려고 했기 때문에 저절로 생긴 언어. 그의 장인은 새로 생겨나는 언어를 받아들이는 데 이미 익숙했으므로 일주일도 지나지 않아 자그마한 술집에서 이 새로운 언어로 상당히 유창하게 의사소통을 할 수 있었다. 그 뒤로도 이 이탈리아 사람들이 이상하게도 이탈리아어를 하지 못한다고 계속 놀라기는 했지만.

공용어가 여러 개인 나라에 사는 우리는 이 사실을 외국인들에게 자랑스럽게 이야기한다. 네 개의 언어—독일어, 프랑스어, 이탈리아어, 로망슈어(레토-로만어)—가 평화롭게 공존한다는 말도 덧붙인다. 하지만 참 이상하게도 언어 경계선에서 멀지 않은 이곳 졸로투른에서는 프랑스어를 만나기 힘들고—사실은 거의 없다—로망슈어는 전혀 만나지 못한다. 또 이탈리아어를 들으면, 그 말을 하는 사람이 티치노 주(州)에 사는 사람일 수도 있겠다는 생각이 얼른 떠오르지 않는다. 그렇다, 나는 오로지 독일어만 쓰는 환경에서 평생을 보냈다. 스위스에서 언어들은 함께 사는 게 아니라, 깔끔하게 구별되어 나란히 산다. 버스와 기차에서 에스파냐어, 갈리시아어, 아랍어, 크로아티아어, 터키어, 타밀어를 듣고서야 여러 개의 공용어를 사용하는 나라에서 내가 이미 오래전부터 살아왔다는 생각이 든다. 하지만 지금까지 여러 개의 공용어를 경험하지는 못했다. 이제야 드디어 경험한다. 마음에 든다.

딱 한 번, 처음 한 번만

　　　　　　　　　　나와 역 술집에서 한 테이블에 앉아 날씨에 대해 몇 마디 주고받은 낯선 남자가 세련된 재킷 안주머니에서 품위 있는 동작으로 담뱃갑을 꺼내 담배 한 대를 입에 문다. 잘 손질한 외모로 보아 어느 기업의 중견 간부쯤 되는 듯하다. 나는 라이터를 꺼내 그에게 불을 붙여주려 한다. 그러나 그는 자기에게도 있다며 거절하고는, 서류 가방을 테이블에 올려놓고 연다. 거기서 야생동물 가죽으로 만든 작은 주머니를 꺼내 번잡스럽게 끈을 풀고, 지극히 아름다운 금빛 라이터를 꺼내 뚜껑을 열고는 스프링을 누른다. 소리를 듣는 듯하다. 라이터를 켜더니, 비싼 여송연을 피우기 시작할 때처럼 정신을 집중하여 담배에 불을 붙인다. 그러다가 자기 행동이 약간 유치하다는 생각이 든 모양이다. 창피한 듯 몸을 돌리더니 종업원을 불러 계산하고는 인사도 없이 술집을 나선다.

　　그는 분명히 불을 거절한 자기 행동을 내가 우스꽝스럽게 여긴다고 생각했을 것이다. 나는 그를 조금 위로할 기회도, 아름다운 새 라이터를 좋아하는 모습이 내 마음에 들었다고 말할 기회도 없었다. 나는 그 느낌을 잘 안다. 뭔가에 좋다는 어떤 물건을 사서, 사용 설명서와 경고 문구와 품질 보증서를 읽는다. 그러고는 어딘가에 앉아—예를 들면 역 안의 술집에—처음으로 그 물건을 작동시키는데, 그곳에 앉아 있던 싹싹한 멍청이가 이 모든 즐거움을 망쳐버린다. 독특하고 값비싼 이런 라이터는 딱 한 번, 처음 한 번만 제대로 작동한다. 모레쯤이면 이 라이터는 이미 흡연 그 자체와 똑같은 습관이 되어 있을 것이다. 그리고 일주일 뒤에는 누군가 불을 붙여주려고 하면 다시 사근사근하게 고맙다고 말하게 될 테고. 또 그때쯤 가방에서 번거롭게 가죽 주머니를 꺼내지 않고, 옆에 두고서 우아하게 그냥 불을 붙이겠지. 아무것도 아니라는 듯이 숙련공처럼 라이터를 다룰 수 있게 될 것이다. 내가 그의 이런 처음이자 유일한 기쁨을 망쳤다는 게 정말 미안하다.

  뭔가를 처음으로 작동시킨다는 것, 나는 이런 상황을 잘 안다. 사용 설명서, 조작 설명서, 제품 설명서 읽기를 좋아한다. 그저 작동시켜보기 위해 산 물건들이 얼마나 많은지! 얼마 전에는 나일론 줄이 달린 잔디깎이를 샀다. 사자마자 집으로 달려와 사용 설명서를 읽고, 기계를 조립하여 작동시켰다. 나는 풀을, 높이 자란 풀을 좋아하므로 사용하면서 잔디깎이처럼 마음이 쓰린 물건도 참 드물다. 우리 집 정원에는 풀이 별로 없다. 그래서 풀 줄기 하나하나가, 나긋나긋하고 섬세한 이 식물들이 눈에 더 잘 띈다. 황폐한 우리 집 정원에 대해 한 번도 불평하지 않는 이웃들이 무척 고맙다. 아내는 가끔 불평했고, 풀을 좀 깎으라고 강요도 했다. 하지만 나는 '내 풀들'을 변호했다. 내가 원하는 건 잔디가 아니라 풀이라고 말하며. 이제 풀은 사라졌다. 뭔가 작동시켜야 한다는 이 빌어먹을 충동.

  내가 어릴 때 우리 집에는 전화가 없었다. 우리 동네에 사는 집들 대부분이 그랬다. 언젠가 전화박스에서 전화를 한번 해보려고 오랫동안 어머니를 졸라 20라펜을 얻었다. 친척 중에 유일하게 전화를 가지고 있던 리디아 이모에게 걸 생각이었다. 전화번호를 돌리다가 숫자 하나가 틀렸다는 걸 알았지만 계속 돌렸고, 그래서 실패했다. 다른 사람이 전화를 받았다. 20라펜은 날아갔다. 그로부터 오랜 세월이 흐른 뒤, 아내와 나는 전화를 직접 소유하는—당시에는 몇 달 동안이나 대기자 명단에 이름을 올려야 했다—대사건을 맞게 되었다. 나는 집 밖으로 나가서 가장 가까운 전화박스로 달려가 우리 집 전화번호를 돌렸다. 걸렸다! 그 이후로 그저 시동을 걸고 작동시켜보기 위해 얼마나 많은 것들에 손을 댔는지 모른다. 휴대용 라디오, 휴대용 계산기, 휴대용 컴퓨터 몇 대씩……. 새 물건을 처음 작동시킬 때면 아이처럼 얼마나 기뻐했던가. 새로 산 주머니칼에 고도계가 달려 있다는 이유로 치달리고 내리닫고를 몇 번이나 했던가. 그런데 무슨 목적으로? 아무 이유도 없었다. 전혀 없었다. 그저 시작해 놓고, 제대로 작동하면 기뻐하는 것 말고는. 다음 날은 칼럼을 쓴다는 핑계로 기차를 타고 칸더슈티그(베른 주에 있는 도시)를 거쳐 브리그(발리스 주에 있는 도시)로 가며, 고도가 적혀 있는 역과 정거장을 찾았다. 고도계는 제대로 작동했다. 하지만 정거장에 고도가 이미 적혀 있는데 고도계가 무슨 소용이 있으랴.

어쩌면 얼마 뒤에는 살 만한 가격의 작은 휴대용 발전소가 시장에 나올지도 모르겠다. 그걸 사게 될 것 같아 미리부터 창피하다. 사는 이유는? 그저 작동시켜보려고.

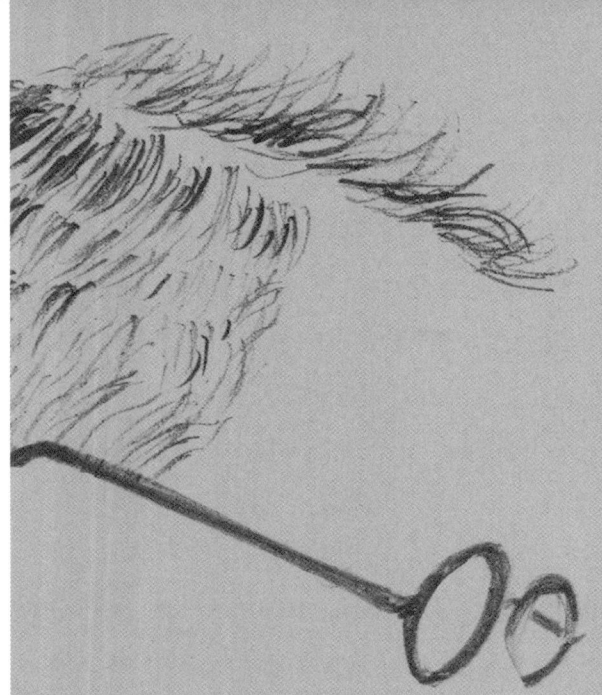

Seit ich allein hier wohne, ist das Haus kleiner geworden.

DAS IST EIGENARTIG, DENN EIGENTLI

A GRÖßER GEWORDEN SEIN, UND WÜRDER ICH UMZIEHEN, ICH

내 고향은

würde mir wohl eine kleinere Wohnung nehmen, die diese
GOLDISCHE PASSEN IHRE
GRÖßE DER UMGEBUNG AN.

어디일까?

사과나무에 올라앉은 재즈 연주자

이상스럽게도, 나 혼자 살고부터는 집이 작아졌다. 원래는 커져야 하지 않는가. 그러면 아마 이 집보다 더 작은 집으로 이사를 할 텐데.

금붕어는 몸 크기를 환경에 맞춘다. 작은 어항에서는 작은 채로 있고 큰 어항에서는 커지며, 연못에 놓아주면 정말 큰 물고기가 된다. 그러나 인간은 환경을 고려하지 않고 성장한다. 그러니 환경은 어쩔 수 없이 인간에게 적응해야 한다. 아가 다른 도리가 없을 것이다. 우리 집은 언제나 작았지만, 내가 여기서 혼자 살면서부터 더 작아졌다. 집은 크기를 잃어버렸다. 내가 방에 앉아 있으면 오로지 이 방만 존재한다. 다른 방의 소리는 들리지 않는다. 여기서 넷이 살 때는 다른 방들도 목소리를 지니고 있었는데.

아니, 이건 불평이 아니다. 나는 여기서 사는 것을 좋아하고, 또 기꺼이 혼자 산다. 우리 집이 내 감정에 이입하여 상황에 잘 적응하는 것도 기쁘다.

한때 여기서 우리 넷이 살았다. 작은 집이었지만 넷이 살기에 충분했다. 나중에는 개도 한 마리 살았는데, 그래도 집은 충분히 넉넉했다.

이제 여기서 두 명 이상은 살 수 없을 것 같다. 개는 당연히 힘들 테고. 나는 개가 무섭다. 그때는 가족들이 강요해서 어쩔 수 없었다. 나는 할 수 없이 고집을 꺾었고, 복서를 한 마리 골랐다. 개는 하필이면 나를 잘 따랐다. 그래서 그 복서는 내 개가 됐다. 나는 그 개가 적어도 개에 대한 내 두려움은 없애주리라고 기대했다. 그러나 얼마 지나지 않아, 나는 그 개가 자신이 개라는 사실을 전혀 모르는 것 같다는 의심을 품게 됐다. 나는 개에게서 배울 게 없었고, 개가 나에게서 배웠다. 그래서 그 개는 개들을 무서워하는 개가 됐다. 둘이 산책을 하다가 자그마한 스위스 마운틴 도그가 있는 농가를 지날 때면 우리는 멈추어 서서 짖어대는 그 개를 바라보았는데, 우리 복서가 먼저 고개를 돌렸다. 주위 환경이 나에게 맞추어 적응했다. 주변은 나와 같아졌다. 내가 혼자면 집도 혼자다.

미국의 위대한 작가, 시골의 단조로움을 탁월하게 묘사한 시인 셔우드 앤더슨(Sherwood Anderson)은 언젠가 헤밍웨이에게 세계를 두루 돌아다니는 그가 부럽다는 편지를 썼다. 헤밍웨이는 "셔우드, 나 역시 세계를 두루 다니는 게 아닙니다. 나는 미국인이고, 미국인이 있는 곳은 어디든 미국이니까요'라는 답장을 보냈다.

우리는 너무 성급하게 융화를 이야기한다. 우리는 융화가 무엇인지, 어떠해야 하는지 금방 안다. 예를 들어 그때 내 개는 나와 상당히 잘 융화했다. 개는 나와 같았고, 더 이상 개가 아니었다. 개라는 것이 무엇인지 그 개가 알았더라면, 개로 있을 마음이 전혀 들지 않았을 것이다. 이런 생각은 얼마나 편한가?

융화라니? 무기력한 사람들이 권력자에게 맞추어야 한다는 뜻인가? 내가 개들을 어떻게 생각하든 간에, 개들은 나를 좋아한다고 믿는 것. 남들이 자기를 사랑한다는 가정에서 출발하는 권력자들과 마찬가지다. 그리고 체제는 일반적으로 이렇게 작동한다. 유감스럽게도.

우리 정부가 위험한 투견 사육에 반대하지 않는 이유야 물론 있을 것이다. 심오한 심리적 이유들. 아마 개 주인들이 권력과 자연스러운 관계에 있기 때문이 아닐까. 개를 통제하는 작은 권력은 진짜 권력자의 큰 권력도 이해할 수 있게 할 테니까. 이게 민주적인 태도가 아니긴 해도. 하지만 권력이 개들에게 있다면 우리는 어떻게 될 것인가?

그렇다, 나는 금붕어처럼 환경에 적응하지 않아도 된다는 사실을 즐긴다. 또한 우리 집이 입주자의 수에 적응하여, 혼자 사는 나를 위해 작아진 것도 좋은 일이다. 옛날의 그 큰 집에 나 혼자 살게 되었더라면 아마 편하지 않았을 것이다.

하지만 사람들은 이걸 망상이라고 부른다. 언급할 필요도 없긴 하지만 우리 집 크기는 실제로는 예전과 똑같고, 그저 내 느낌이 나를 속일 뿐이다. 주변 환경이 나에게 적응했다고……. 그러나 권력자들도 이런 망상 속에서 산다.

융화? 이 테마가 나오면 왜 언제나 나이 많은 미국의 어느 재즈 연주자가 생각나는 걸까? 그는 빌리자우(루체른 주에 있는 도시)에서 열린 콘서트가 끝난 뒤, 평생 사과나무에 한 번도 올라가보지 못했다고 불평했다. 그래서 다음 날 소방대원들이 안전을 위해 사다리를 들고 출동하여, 근처에서 가장 큰 사과나무에 그를 올려주었다. 나무에 올라앉은 그는 행복했다.

후고를 그리며

　　　　　　　　어제 후고와 함께 또 술집에 앉아 있었다. 나이 든 뒤브터—후고는 일흔 여섯, 나는 일흔 하나—우리는 여기서 자주 만난다.

　우리는 또 너무 많이 마셨다. 집에 돌아와서야 그걸 깨달았다. 그러니까 너무 많이 마신 사람은 '나'고, 내가 아는 한 그는 분명히 나보다 더 많이 마셨을 것이다. 우리는 술집의 단골이다. 여기에 으면 우리는 말을 별로 하지 않는다. 그저 편안하게 앉아 있다. 말을 할 때는 보통 그가 한다. 그는 낮은 목소리로 천천히, 그러나 반박의 여지없이 또렷하게 나에게 세상을 이야기한다. 후고만큼 많이 아는 사람, 그처럼 박식한 사람은 아마 없을 것이다. 그와 함께 있으면 나는 아직도 많이 배운다. 풀이 죽은 채 그의 온갖 지식을 받아들인다. 요즘도 글을 쓸 때면 그가 내 목덜미에 앉아 있는 듯하다. 그럴 때면 두려워 정신을 바짝 차린다. 그는 무척 엄하다. 나는 그 앞에서 글쓰기에 실패하고 싶지 않다. 그는 글의 수준에 관한 나의 생각을 여전히 통제하고 있고, 앞으로도 영원히 그럴 것이다. 그는 내 칼럼을 좋아하지 않는다.

나를 달리 어떻게 방어해야 할지 알 수 없을 때면 그에게 가끔 편지를 쓴다. 그러고는 구겨서 휴지통에 던져버린다.

"사랑하는 후고. 자네가 죽기 직전—1981년이지—내가 병원을 방문했을 때, 나는 자네보다 다섯 살 젊었네. 지금은 내가 그때 자네 나이보다 스무 살이나 더 먹었지. 그런데도 자네는 여전히 연장자야. 내가 자네를 무척이나 그리워하긴 하지만, 연장자 없이 사는 것도 장점은 있다네.

그때 자네는 언제나 모든 것을 철저하게 설명했지. 무엇이 옳고 무엇이 그른지는 자네가 항상 결정했네. 인생은 자네가 죽은 뒤, 자네의 판단 없이도 계속되더군. 아니, 자네 판단 때문에 내가 괴로웠다는 뜻은 아닐세. 자네의 우정은 정말 귀한 것이었으니까. 하지만 나도 자네의 비판 대상이 될 수 있다는 생각 때문에 힘들었네.

자네에겐 뭔가 정언적인 게 있었어. 고르바초프라는 사람이 있다네. 아니, 있었지. 자네는 그 이름을 몰라. 자네가 이미 죽은 뒤에 그 사람이 등장했으니. 자네가 그 사람에게 찬성했을지 반대했을지는 알고 싶지 않네. 하지만 자네는 살아 있을 때, 정말 성급하고 부당하게 판단을 내렸어. 그러니 고르바초프가 누구인지, 어떤 사람인지 아마 금방 알았겠지. 자네는 '그래' 또는 '아니야'라고 말하고 눈을 꾹 감고는, 경멸하는 듯한 손짓을 하며 미소를 지었겠지.

베를린 장벽이 무너졌다는 것, 이제 동독은 없다는 것, 동서독 모두 독일연방공화국이라고 불린다는 걸 자네에게 말해야겠군. 콜이라는 총리— 자네는 아마 이 남자를 좋아하지 않았을 거야—, 슈뢰더라는 총리—이 사람에게는 회의적이었겠지—가 있었다는 것, 그리고 지금 총리는 메르켈—자네는 이 여성에 대해 분명히 다른 사람들과 의견이 달랐을 걸세—이라는 것도. 자네는 이 모든 사실을 모르네. 블로허(Christoph Blocher, 스위스 국민당 소속의 정치가)라는 연방 각료에 대해서도 들어본 적이 없지. 그러니 나는 드디어 자네보다 아는 게 더 많아졌네. 하지만 아주 잠깐 동안만 그랬으리라는 것도 아네. 자네는 늘 나보다 박식했으니, 자네가 돌아온다면 분명히 나보다 더 많이 읽었을 게 아닌가. 나는 독서에서 자네를 추월할 수 없었을걸세. 프리쉬가 죽었네. 뒤렌마트(Friedrich Dürrenmatt)도 죽었지. 그의 아내도. 그는 재혼했었네. 자네가 살아 있었더라면 아마 한마디 했겠지. 그녀를 안다고 우겼을 거야. 자네는 그녀를 몰랐고, 지금도 알지 못하네. 자네에게 말할 게 있는데, 아마 이것도 모를 걸세. 자네가 죽었다는 사실 말이야. 롤링 스톤즈는 여전히 연주하네. 예전과 똑같아. 얼마 전에는 뒤벤도르프(취리히 근교)에서도 공연했지. 그라스(Günter Grass)는 노벨 문학상을 받았고, 페더러라는 스위스 테니스 선수도 있네. 그리고 우리가 예전에 파시스트라고 불렀던 사람들은 지금과 비교하면 아무것도 아닐세. 이제는 진짜 파시스트들이 둥지를 틀고 있어. 소련은 이제 없네……."

나는 후고에게 편지를 쓰고는 휴지통에 버린다. 그가 그리워 편지를 쓴다. 아마 그가 모르는 사실들을 내가 이제 조금 안다는 게 자랑스러워 장난기가 발동하기 때문일 수도 있다. 소련이 더 이상 존재하지 않는다는 것, 블로허라는 연방 각료가 있다는 것, 페더러가 최고라는 것, FC 바이에른이 또 약간 부진하다는 것, 2006년 7월은 덥다는 것, 그리고 지금은 21세기라는 것, 그런데 그걸 거의 느낄 수 없다는 것.

그가 정말로 돌아온다면 어떨지 자주 상상한다. 적포도주를 반 병쯤 마시며 그동안 무슨 일이 있었는지, 얼마나, 정말 얼마나 많이 달라졌는지 이야기한다면……. 골로빈(Sergius Golowin, 신화학자)도 죽었다.

그는 아마 내 말에 귀를 기울이고 모든 것을 금방 이해할 것이다. 그래서 이틀 뒤에는 이 모든 것이 당연해지고, 철학적인 예문을 들어가며 나에게 설명하겠지.

어제는 또 그와 함께 술집에 앉아 있었다. 우리는 아무 말도 하지 않았다. 그때 자주 그랬듯이, 그렇게 침묵했다. 참 좋은 저녁 시간이었다.

그저 한 인간에 불과했던 황소

바흐오프너 부부는 조용하고 싹싹한 농부였다. 나는 수업이 없는 오후나 방학 때면 그 집에서 시간을 보냈다. 내가 여기서 제대로 일을 하는, 꼭 필요한 사람이라는 사실이 무척 자랑스러웠다. 내가 하던 일은 아마 별 도움이 되지 못했을 것이다. 그러나 바흐오프너 부부는 내가 그곳에 반드시 필요하다는 느낌을 받도록 용기를 주었다. 나는 그때 열 살이나 열한 살 정도였고, 당연히 농부가 될 생각이었다. 편안하고 좋은 시절이었다. 바흐오프너 가족에게는 치즈와 햄이 있었으며, 빵 조각도 우리 집에서 먹는 것보다 훨씬 두꺼웠다. 전쟁 중이거나 직후여서 생필품이 배급되던 시절이었다. 행복의 많은 부분은 햄과 빵 조각의 두께와 관련이 있었다. 농부들은 일요일마다 도시 사람들의 방문을 많이 받았다. 농부와 일시적으로 친구가 된 사람들이었다. 나는 이들을 속으로 경멸했다. 나는 손님이 아니라 이곳에 소속된 농부였으니까.

좋은 시절이었다는 추억에도 불구하고, 기억에 남은 게 거의 없다는 사실에 나는 요즘 깜짝 놀란다. 바흐오프너 부부의 얼굴을 떠올리려고 해도 생각나지 않는다. 아마 내 머릿속에서 그 집과 관련된 모든 것을 억지로 몰아낸 모양인데, 왜 그랬는지 짐작은 간다.

어느 날—바흐오프너 부부는 집에 없었다. 있었더라면 틀림없이 못 하게 했을 것이다—그 집의 늙은 일꾼이 나에게 말했다.

"황소를, 저 가축을 데리고 아랫동네에 사는 농부에게로 가."

그는 한 손에 고삐를, 다른 손에 갈고리가 달린 채찍을 쥐어 주며 말을 이었다.

"말을 듣지 않으면 채찍으로 머리통을 때려. 그러고는 드러누워서 꼼짝도 하지 말고 그냥 있어."

거대한 황소였다. 시멘탈 종(種)으로, 눈에는 핏발이 섰고 두 눈 사이에는 악마처럼 고수머리가 있었다. 황소는 키가 몇 미터나 되었고—물론 그럴 리는 없었을 테지만—나는 아주 작았다. 몸이 떨렸다. 나는 황소를 쳐다보지 않고 그냥 옆에 서서 고삐를 느슨하게 잡고 걸었다. 걷다가 발을 헛디딜까 봐 두려웠다. 걷는 내내 황소에게 말을 한 게 아니라 기도할 때처럼 낮은 소리로 "제발 날 건들지 마. 날 건들지 마. 아무 짓도 하지 마. 제발, 제발"이라고 혼잣말을 했다. 가는 내내, 그리고 오는 내내 "제발, 제발"을 되풀이했다. 집에 돌아가 보니 바흐오프너 부부도 와 있었다. 그들은 내가 무사히 돌아온 것을 나만큼이나 기뻐했다. 나는 소를 외양간으로 데리고 가서 고삐를 단단히 묶었다.

그게 끝이었다면 나는 아마 이미 오래전에 이 이야기를 잊었을 것이다. 황소는 그때부터 내 말만 들었다. 다른 사람들에게는 심하게 저항해서 모두들 다루기 힘들어했다. 이삼 일에 한 번씩 연락이 왔다.

"페터가 와야 해. 황소 때문에 말이야."

"페터가 와야 해. 수의사가 왔어."

그때마다 나는 두려워서 울었고, 황소에게 온갖 끔찍한 일들이 벌어지기를 바랐다.

"황소가 죽어버리면 좋겠어!"

황소는 나를 좋아했지만 나는 어떻게 해야 좋을지 몰랐다. 황소가 두려웠으니까.

그게 끝이었다면 나는 아마 이미 오래전에 이 이야기를 잊었을 것이다. 마지막으로 연락이 왔다.

"페터가 와야 해."

나는 황소를 도살장으로 끌고 가야 했다. 황소 옆에서 흐느껴

울며 비척비척 걸었다. 황소에게 끔찍한 일이 벌어지기를 바란 나 자신을 저주했다. 강한, 엄청나게 강한 황소가, 종말에 이른 황소가 불쌍했다. 황소도 이제는 한 인간에 불과했다. 나는 도살장에 황소를 넘겨주고, 귀를 막고 달려 나왔다.

황소는 자신의 힘을 알고 있었을까? 아마 아니었겠지. 그러나 황소는 사는 내내 그에게 영향력을 행사하려는 사람들만 만났을 테고, 그래서 처음부터 무력해 보였던 어린 소년을 좋아하게 되었을 것이다. 자기 자신처럼 무력한 아이를.

어쨌든 모든 권력은 공포다. 권력은 자신이 퍼뜨리는 공포를 먹고 산다. 나는 권력 획득과 유지를 즐거워하는 사람들이 있다는 사실, 두려움의 대상이 되는 것을 즐기는 사람들이 있다는 사실을 아직도 이해할 수 없다. 권력을 원하는 사람들은 일단 공포를 퍼뜨려야 한다. 권력자들은 그들을 두려워하는 사람들로부터 왜 그다지도 사랑받을까?

나도 그 황소 옆에서 힘센 친구 옆에 있는 어린 사내아이처럼 약간은 자랑스러움을 느꼈다는 걸 인정한다. 그런데 왜 황소의 이름이 생각나지 않을까? 분명히 이름이 있었을 텐데.

그래서 공포에 떠는 사람들은, 공포를 퍼뜨리고 안전을 약속하는 사람의 뒤를 좇는다. 불합리한 결합이다. 그러면서 이들은 자기들 스스로 권력이 있다고 믿는다. 자기가 권력자의 마음에 들었기 때문에.

발리의 사제는 그저 가끔씩만 오리를 가리킨다

"사제는 뭐가 필요하면 손가락으로 그걸 가리킨다네. 그럼 가질 수 있지."

발리에 사는 친구가 나에게 말했다.

"아, 그러니까 사제는 권력이 있다는 뜻이군."

내 말에 그가 대답했다.

"그렇지. 아주 막강하다네."

그러면 사제는 부자가 될 수 있겠다고 하자, 친구는 깜짝 놀라 날 바라보았다.

"아니야. 사제들은 현명해."

"하지만 간혹 자기 권력을 악용해서 재산을 모으는 사제들도 있지 않을까?"

그는 사제들이 현명하고, 오리가 필요하면 오리를 가리킨다는 말만 반복했다.

나는 물러서지 않았다. 사제도 사람이며, 사람은 권력을 악용하는 성향이 있다고, 모든 사람이 그렇지는 않아도 간혹 그러는 사람들이 있다고 주장했다. 그는 유럽은 그러냐고 물었고, 나는 창피하지만 고개를 끄덕이며 시인했다.

그는 나를 위로하기 위해 해명거리를 찾으려고 했다. 한참 뒤에 그가 말을 꺼냈다.

"사제들은 피곤해. 엄격한 학교를 다녔고, 산스크리트어와 또 다른 언어와 이 세상의 모든 지식을 평생 배우고 또 배우지. 마침내 사제가 됐을 때는 이미 무척 늦었다네. 권력을 사용하기에는 너무 피곤한 상태지."

그는 '악용'이라고 하지 않고 그냥 '사용'이라고 말했다.

피로가 사회적 원칙이라고? 하지만 원로원이라는 자문기관도 있지 않았던가? 노인들은 경험이 풍부하기 때문에 이런 기관이 있었을 것이다. 하지만 노년의 피로를 이용하려고 했던 건 아닐까? 어쩌면 현명함은 피로와 관계가 있는지도 모른다. 피로는 한때 신중함이라는 뜻이기도 했다.

"뚱뚱한 남자들을 내 주변에 두라."

카이사르가 한 말이라고 한다. 느린 남자들이라는 의미였을까? 내가 보기에도 우리의 민주정치는 너무 느릴 때가 많다. 하지만 정치가 너무 빨라지고, 정치적 성공이 스포츠가 된다면 얼마나 끔찍하랴.

카를은 아주 나이가 많다. 오랫동안 젊음을 유지했고, 나이가 많이 들 때까지 자기 소유의 작은 공장을 계속 잘 꾸려나간 것이 이렇게 장수하는 비결일 것이다. 성공적인 악당, 그러니까 영혼이 없다거나 비인간적이지는 않지만 어쨌든 약간의 권력은 있던 사람. 아주 나이가 많이 들어 정말 노인이 된 지금에야 그는 제대로 내 마음에 든다. 아는 것이 매우 많은, 분별력 있는 노인. 그는 형편이 꽤 괜찮다. 몸도 건강하고 정신도 맑다. 그저 예전보다 훨씬 느려졌을 뿐이다. 현명해진 것은 아니다. 그러기에는 여전히 너무 익살도 많고 꾀도 많으니까. 하지만 신중해졌다. 자기가 한때 정복하려던 세상을 이제 드디어 음미하고, 깨어 있는 관찰자가 되어 즐길 수 있게 되었다. 마치 일요일에 멋진 갈색 양복을 차려입고 편안하게 들판을 거닐며, 자기 노동 산물의 성장 과정을 지켜보던 농부처럼. 이런 농부는 이제 더이상 없다. 어쩌면 예전에도 상상 속에서만 존재했을지 모른다. 그 시절도 지금보다 전혀 나을 게 없었고, 박애주의 스위스라는 건 그때도 이미 전설에 불과했으니까. 그러나 그때의 느긋함은 희망을 위한 여지를 더 많이 남겨두었다. 성급한 현실화. 그리고 주식회사 정도의 연관성 속에서 희망이 설 자리는 그다지 많지 않다.

또 로베르트 발저가 쓴 글도 있다. 이것 역시 벌써 백 년 전의 글이다.

"나는 우리 모두 느린 것과 너무 거리가 멀다고 확신한다."

건너편 둥근 탁자에는 나이 든 사람들이 몇 명 앉아 있다. 시간이 많은 사람들이다. 이들은 생일이나 승리 같은 특별한 계기가 있어서가 아니라, 그냥 즐겁게 잔치를 벌이는 중이다. 참 좋아 보인다. 그러나 속도가 너무 빠르다. 너무 빨리 마시고, 너무 빨리 말하고, 너무 빨리 생각한다. 그리고 그저 뭔가 말해야 하기 때문에 말한다.

매니 베버(Mani Weber. 스위스 텔레비전 사회자, 라디오 리포터)가 죽었다. 저 사람들은 모두 그를 잘 안다.

"그가 언젠가 우리에게 왔을 때, 빨간 부츠를 신고 있었지."

한 사람이 말하자 식탁에 앉아 있던 다른 노인이 그 말을 받는다.

"그래, 진짜 게이였어. 나는 그를 잘 알아. 함께 자주 술을 마셨으니까."

나는 이제 나서야 할지, 건너편 식탁으로 가서 나야말로 그를 정말 잘 알고 있었다고 말해야 할지 어쩔지 곰곰이 생각한다. 그러나 이제 그들은 매니 베버를 칭찬하기 시작한다. 매니 베버가 최고가 되고, 다른 유명 인사들은—식탁에 앉은 사람들은 아무 유명 인사의 이름이나 뒤죽박죽 마구 부른다—그를 찾아가지 않은 사람들이 된다. 유명 인사들이 그를 버렸다고, 거만한 깍쟁이들이 그를 그냥 버렸다고 말한다. 그러다가 이야기는 다시 반대 방향으로 흘러간다. 도대체 그 남자는 무슨 생각을 한 거냐고, 여자들과의 스캔들하며……. 그들은 신문에서 읽은 이야기들을 마구 인용하고 토를 단다. 하기야 뭐, 매니 베버는 그 사람들의 것이다. 그들은 그가 아직 성공 가도를 달리고 있을 때 그를 이미 알고 있었다. 그들은 자기들이 그를 정말 개인적으로 안다고 확신한다. 식탁이 시끄러워진다. 각자 모두 다른 사람들보다 매니 베버에 관해 뭔가 한 가지씩 더 잘 안다. 그들은 손가락으로 매니 베버를 가리켰다. 그들은 권력을 소유했다. 모든 것을 가리키고, 모든 것을 소유한다. 그러나 발리의 사제는 그저 가끔씩만 오리를 가리킨다.

단어가 없어도 나눌 수 있는 대화

로미스빌은 졸로투른에서 무티에(베른 주에 있는 도시)로 가는 길에 있는 정거장으로, 필요할 때만 정차한다. 내리거나 타는 사람이 아무도 없으면 기차는 서부 미개척지를 연상시키는 한적한 간이 정거장을 그냥 지나친다. 나는 오십 년 전에 로미스빌에서 교사로 일했다. 사범학교를 마치고 처음 얻은 자리였다.

지금은 텅 빈 간이 정거장이지만 당시에는 역이라고 불렸으며, 그 옆에 있는 레스토랑도 '역 레스토랑'이었다. 역에는 제복을 입은 정식 역장과 조수, 철도 노동자가 있었다. 기차가 들어오면 금빛 잎사귀 장식이 달린 모자를 쓴 역장은 기차에 품위 있게 경례를 하고, 내리는 승객들 한 사람 한 사람의 이름을 불러가며 인사했다. 그런 다음 타는 사람들에게 작별 인사를 하고, 지시봉으로 기차에 발차 신호를 보냈다. 무척 목가적인 풍경으로 보이겠지만 특별히 그렇지는 않았다. 그저 평범한 역이 있는 평범한 마을이었다. 역장은 지방단체장이나 교장처럼 고위 관리였고, 게다가 인상적인 제복을 입은 유일한 사람이었다.

그는 무척 친절하고 교양 있는 사람이었다. 아무나 역장이 될 수는 없었다. 그는 자기 일을 잘 알고 있었고, 그 일을 사랑했다. 나는 그와 이야기 나누기를 좋아했다. 우리가 아는 사이라는 게 자랑스러웠다. 제복을 입은 사람을 개인적으로 알았고, 그도 나를 알았으니까.

수학여행 전날 오후에는 단체 표를 예매하러 역에 가곤 했다. 그럴 때면 늘 그와 오랫동안 이야기를 나누었다. 그는 여행에 관해 이런저런 제안을 하고 조언을 해주었다. 기차 여행, 버스와 배로 하는 여행······.

다음 날은 언제나 새벽 네 시 반에 출발했다. 우리가 갈아타는 곳마다 멋진 필체로 '로미스빌 초등학교'라고 쓰여 있는 차가 있었다. 이런 일이 마찰 없이 잘 진행된다는 사실—슈비츠 주(州) 자텔 역으로 들어오는 골다우행 기차에는 우리 학교 이름이 적힌 칸이 달려 있어, 역에 있는 모든 사람이 우리의 수학여행을 알고 있었다—에 나는 항상 감동했다. 로미스빌 역장은 자기 일을 잘 처리해두었다.

늘 똑같은 이야기가 생각나는 장소들이 있다. 이유는 모른다.

대부분 그 장소와 관계없거나 없는 듯이 보이는 이야기들이다.

텅 빈 로미스빌 정거장을 지날 때면, 오래전 발리에서 있었던 어떤 만남이 생각난다.

젊은 발리 남자가 나를 오토바이에 태우고 자기 섬의 이곳저곳을 구경시켜주었다. 나는 교양 있고 주변에 관심도 많은 그 남자에게서 많은 것들을 배웠다. 우리가 어느 마을에서 오토바이를 세우자, 한 여성이 나에게 다가와 아주 오래된 발리 책을 권했다. 말린 야자수 잎에 글씨를 쓰고 앞뒤로 나무 테를 두른 책이었다. 그녀는 낮은 가격을 제시했다. 나는 그 가격을 받아들이고, 거기에 약간 더 얹어주었다. 그러나 그녀는 깜짝 놀라 거의 적대감을 드러내며 나를 바라보고는 사라졌다.

나와 동행하던 젊은 발리 남자도 놀라서 나를 보았다.

"유럽인들이 돈으로 하는 짓이란!"

그가 입을 열었다.

"그 여자에게 어떻게 그런 고통을 줄 수 있어요? 흥정을 했어야죠. 그 책은 그녀의 것이었어요. 그런데 돈이 필요해서 자기 소유물과 헤어져야 한 거예요. 그 여자에게는 작별을 끌고 늦출 권리가 있었다고요. 그렇게 빨리 흥정을 끝내다니, 당신은 그녀를 모욕한 거예요."

그녀가 요구했던 가격보다 더 주었기 때문에 나는 내가 꽤 훌륭한 줄 알았다. 흥정이 가격뿐 아니라 생동감, 교제 및 대화와 관계가 있다는 것을 스위스 사람인 내가 어찌 알았으랴. 그때부터 나는 되도록 길게 흥정하기 시작했고, 결국에는 원래 가격보다 더 주었다.

하지만 지금은 모든 상거래가 짧다. 우리는 차표를 자동 발매기에서 꺼내거나 인터넷에서 직접 출력한다. 나도 현금 인출기로 돈을 찾는데, 왠지 모르게 늘 창피한 느낌이다. 작은 목소리로 "고맙습니다"라고 말한 적도 있다. 창구에서 일하는 직원 쿤 씨에게 고맙다고 말하고 그녀와 몇 마디 더 주고받을 때처럼.

물론 발리 여성과 내가 이야기를 주고받을 수는 없었을 것이다. 그녀는 영어라고는 간단한 숫자 정도만 알았으니까. 그렇더라도 그녀와 몇 분이나마 좀 더 시간을 보낼 수 있었을 텐데. 단어가 없어도 나눌 수 있는 대화.

요즘 외국인들과의 융화에 대해 많은 이야기가 오간다. 외국인들이 이제 좀 우리 언어를 배워야 한다는 것이다. 그러나 나는 그들이 언어를 배워서 누구와 이야기할 수 있을지 궁금하다. 누가 시간을 내서 그들과 친근하게 이야기한단 말인가? 현금 인출기와 차표 자동 발매기가? 어쨌든 융화란 이런 것과는 다르다. 우리 언어를 잘하면서도 융화를 동경하는 외국인들도 많고, 융화를 원하는 내국인들도 점점 많아진다. 융화는 외국인들의 문제가 아니라, 효율만을 목표로 삼는 사회의 문제다. 효율은 결국 비인간적이고 폭력적이 되므로.

나는 이런 민족에서 탈퇴하련다

여기 둥근 탁자에서는 대부분 스포츠에 관한 이야기를 나눈다. 대부분 포뮬러1 이야기다. 여기서 사람들이 포뮬러1에 대해 말하고 있는 모든 문장은 내가 이미 아는 것이다. 그러나 이곳의 '전문가들'은 모든 문장이 반짝반짝 새 것이며 스스로 생각해냈다고, 완벽하게 자기 자신의 문장이라고 생각한다. 그리고 자기의 지식이 백 퍼센트 독자적이라고 확신한다. 나도 끼어들고 싶을 때가 있다. 그럴 때면 나도 문장을 반복하며 '전문가'가 된다. 자기 분야에 전혀 관심이 없는 전문가. 이 분야는 나에게 강요됐고, 아마 내 옆의 사람들에게도 그랬을 것이다. 아무도 벗어날 수 없는, 규격 생산된 세계.

나는 이름을 외우는 데 끔찍할 정도로 소질이 없고, 이웃 사람들의 이름도 너무 늦게 떠오른다. 그런 내가 패리스 힐튼이라는 이름은 외우고 있다. 이런 빌어먹을 패리스 힐튼! 이 이름이 내 머릿속에서 도대체 뭘 하는 건가? 하지만 어쩔 수 없다. 이미 들어와 있으니.

우리가 이곳 둥근 탁자에 앉아 있는 동안, 스위스 팀 알링히와 뉴질랜드의 마지막 조정 경기가 진행 중이다. 나는 휴대폰으로 인터넷에 접속해, 경기 상황이 어떤지 알아본다.

"알링히가 앞서고 있어."

스포츠 전문가들에게 말하자, 그들은 지루하다는 듯이 나를 바라보더니 묻는다.

"조정에 관심 있어?"

"아니."

하지만 나는 이 마지막 경기만 빼고 조정 경기를 모두 관람했다. 나는 텔레비전을 보는 데 조금 문제가 있다. 텔레비전은 지나치게 유쾌하다. 그래서 차라리 밤에 방영되는 막간 오락물을 더 좋아한다. 해설 없이 자동차가 외딴 지역을 달리거나 헬리콥터가 언덕을 날아오르는 모습, 또는 보트 두 대가 겨우 시속 이십 킬로미터로 나란히 물살을 가르는 모습.

"조정 선수들은 굉장히 힘들어. 사 년 동안이나 훈련을 하지."

탁자에 앉은 전문가들이 말한다. 그래, 나도 봤다. 아니, 정확하게 말하자면 본 게 아니라 들었다. 며칠 동안이나 그 이야기를 들었다. 텔레비전 해설자도 그렇게 설명했다. 지금 술집 단골손님들인 전문가들이 "그 사람은 아무것도 몰라"라고 말하는 바로 그 해설자 말이다. 조정 경기에 해박한 술집의 '진짜 전문가들'은 조정에 관한 지식을 몽땅 그 텔레비전 해설자에게서 얻었다. 전문가들은 아메리카 컵 대회가 얼마나 유명하고 이 대회가 스위스에게 얼마나 중요한지, 그러니까 스위스가 현재 얼마나 잘하는지 이야기한다. 하지만 오 년 전까지만 해도 이 대회에 관해 뭔가 들은 사람은 아무도 없었다.

이제 조정 경기에 관해 스스로를 문외한이라고 표현하는 사람은 그 텔레비전 해설자가 유일하고, 다른 스위스 사람들은 모두 그 사람 덕분에 조정 전문가가 되었다. 우리는 이제 '조정 민족'이다. 사 년 전에 어떤 저널리스트가 재미있게 역설적으로 한 말인데—우리는 이제 '스키 민족'이 아니라 '조정 민족'이라고—이제는 씁쓸한 현실이 되었다.

죄송하지만 나는 이런 민족에서 탈퇴하련다. 조정 민족의 구성원이 되고 싶지 않다. 조정을 싫어해서가 아니다. 오히려 반대로 무척 멋지리라고 생각한다. 하지만 나는 조정을 하는 사람이 아니고, 게다가 갑자기 '민족'이라는 표현을 사용하는 나라는 정말 빌어먹을 정도로 심각한 상황에 빠질 수 있다. 우리 민족의 연방 대통령이, 그리고 우리 민족의 체육부 장관이 조정 경기가 열리던 발렌시아에 갔다. 나도 모든 경기를 텔레비전으로 시청했고—이 점에서는 나도 공범이다—창피하지만 알링히가 승리하기를 빌며 무척이나 떨었다는 것도 인정한다. 그런데 질문 한 가지만 하자. 그건 용감한 자들로 구성된 민족의 승리인가 아니면 그저 부유한 자들로 구성된 민족의 승리인가? 나는 민족이라 하면 이와는 약간 다른 것을 생각한다. 그리고 엄청난 부자들이 민족에게 뭔가 선물하는 일이 점차 관례가 될까 봐 걱정스럽다. 나는 알링히가 스위스 대표로서가 아니라 제네바 조정 클럽을 대표하여—사실 여기 소속이다—경기에 참가했다면 훨씬 반가워했을 것이다.

베르타렐리(Ernesto Bertarelli. 이탈리아 출신의 스위스 사업가, 조정 선수이자 스위스 조정 팀의 스폰서)는 인상이 상당히 좋다. 나는 조정을 향한 그의 열정을 믿으며, 그를 시샘하지도 않는다. 그러나 만약 그를 만난다면, 사랑하는 오랜 이웃들의 이름보다 그의 이름이 더 빨리 떠오르리라는 사실이 불쾌하다. 나는 머릿속에 무엇이 어떤 순서로 와야 할지 자유롭게 결정할 수 없다. 짜증스럽지만 패리스 힐튼이라는 이름을 이미 알고 있다. 어쩔 수 없다. 그래도 '패리스 힐튼 민족'은 아직 어디에도 없으니, 그건 다행이다. 그녀 자신과 언론 매체 덕분이다.

위험한 적의 이름은?

초등학교 때 선생님 덕분에 우리는 역사에 큰 관심을 갖게 되었다. 그분은 열정적인 애국자요, 탁월한 이야기꾼이었다. 우리는 선생님의 이야기에 모두 귀를 쫑긋 기울였는데, 나는 특히 더욱 그랬다. 우리는 스위스 동맹(본문의 '스위스' 또는 '스위스 동맹'은 1291년 8월 1일에 우리 주, 슈비츠 주, 운터발덴 주가 뤼틀리에 모여 영구 동맹을 맺은 것을 필두로 점차 다른 주들도 가담하게 된 주들의 동맹을 뜻하며, '국가'는 1848년에 수립된 스위스연방을 뜻함. 8월 1일을 국경일로 지정해 기념하고 있음) 사람들과 함께 전투에 참가하여 승리했다. 모두 '우리'를 두려워했다 역사를 그렇게 잘 설명하고 학생들에게 그런 감동을 줄 수 있는 교사는 아마 우리 선생님뿐만이 아니었을 것이다. 마음 깊은 곳에서 나는 옛날에도, 그리고 지금도 여전히 스위스라고 불리는 지역에 대한 감동을 느낀다. 유일하게 옳은 동굴 주민들, 유일하게 옳은 수상가옥 주민들, 유일하게 옳은 용

옳은 용감한 스위스 동맹 사람들이 살던 땅, 유일하게 옳은 성(城)과 폐허들이 있는 곳.

나중에 상급 학교에서 만난 역사 선생님들의 경우에도, 학술적으로 보이기 위해 되도록 지루하게 설명했다는 것을 제외하면 이런 전반적인 상(像)은 변하지 않았다. 하지만 국가와 정치적인 상황에 대해서는 학창 시절 내내 전혀 듣지 못했다. 시간표에는 여기에 해당하는 과목인 '국가론'이 적혀 있었지만, 강의는 열리지 않았다. 스위스는 '주'들로 이루어진 지역일 뿐 '국가'가 아니었으니까. 당연히 아름답고 특별히 선하며 지극히 독특한 지역, 유일하다고까지 말할 수 있는 땅.

그렇다, 마음 깊은 곳에서 나는 여전히 스위스 국기에 감동을 느낀다. 예를 들어 로저 페더러가 텔레비전에 나오면—자주 등장한다—나는 그를 응원하느라 긴장하여 떨면서, 그 경기를 끝까지 본다. 혹시 나를 위해 떠는 건가? 스위스 사람으로서의 내 명성 때문에? '우리'가—그러니까 나도 포함하여—테니스를 잘한다는 것을, 알링히 호(號)를 탄다는 것을 온 세상이 알고 있으니까? 나는 테니스에 관심이 있는 건가, 아니면 스위스에만 관심이 있는 건가? 스위스 선수들이 참가하지 않아도 계속 스키 경기를 볼까? 아마 아닐 것이다. 이런 생각은 무척 이상하고, 나와는 잘 맞지도 않는다. 하지만 어린 학생일 때부터 이미 내 머릿속에는 유일한 스위스의 모습, 늘 승리를 거두는 스위스의 상(像)이 들어 있었다.

하지만 지역 주들은 국가가 아니다. 설령 그곳이 자주적인 지역이라고 하더라도 마찬가지다. 독립이 곧 자유를 의미하는 것은 아니기 때문이다. 최근 수십 년 동안 독립한 많은 국가의 국민들은 이 사실을 알고 있다. 그런데도 독립을 자유라고 포장하는 수상쩍은 속임수가 전 세계적으로 퍼져 있다. 모든 시민의 자유를 책임지는 것은 지역이 아니라, 마터호른이나 뤼틀리나 페더러가 아니라, 국가다. 우리의 경우에는 1848년에 건국된 국가, 그러나 학교에서는 그 역사에 대해 거의 들어본 적이 없는 국가. 우리는 역사가 없는 국가에서 살고 있다. 이 사실은 국가를 윤기 없게 만든다. 또한 1291년에 시작된, 찬란한 역사를 지닌 지역 주들과 비교할 때 국가의 의미를 퇴색시킨다.

작은 국가와 더욱 작은 국가에 대해 언제나 말하는 사람들, 민영화를 자유로 속이는 사람들, 유능한 인재를 위한 자유를 주장하는 사람들이 아름다운 스위스 국기를 조금 흔들기만 하면 빌헬름 텔이나 아놀드 빙켈리트(1386년 합스부르크의 레오폴드 3세와 닻붙은 젬파흐 전투를 승리로 이끌고 전사한 스위스 기사), 후고 코블레트와 페르디난트 퀴블러(이상 사이클 선수)와 같은 영웅이 모두 금방 모여든다.

사람들은 국가를 주들, 영광스러운 지역 주와 대결시킨다. 이런 시도는 성공적이다. 우리 모두는 지역 주들의 역사에 대해서는 잘 알고 있다. 그러나 우리 국가의 역사, 우리 민주정치의 역사, 우리 중립성의 역사는 거의 접하지 못했다. 그래서 우리는 민주주의가 1291년 뤼틀리에서 단번에 도입됐다고 굳게 믿고 있다. 우리는 스위스 사람들이다, 이상 끝!

그래서 이 가을에도 스위스를 구하겠다는 사람들의 목소리가 커지고 있다. 이들은 스위스를 위험에 처한 것으로 간주한다. 위험한 적의 이름은 '국가'다. 국가가 작아질수록 스위스는 커진다고 믿으며, 1848년에 건국된 국가와 1291년에 결성된 스위스를 대립시킨다.

그러나 나는 1291년에 결성된 주들의 동맹이 아니라 국가로부터 노령연금을 받는다. 내가 다닌 학교들도 국가가 설립했다. 그런데 왜 학교는 국가 이야기를 전혀 하지 않았을까? 그래서 사람들로부터 국가를 빼앗는 일이 그렇게 쉬운 걸까?

어쨌든 국가가 없다면 일곱 명의 연방 각료는 정말이지 더 이상 필요 없다. 한 명으로 충분하고, 그 한 명이 제대로 통치할스 있을 것이다.

하지만 나 역시 어느 정도는 공범이다. 나도 예전에 교사였고, 찬란한 스위스 역사를 이야기하며 학생들을 감동시켰으니까.

'해골 클럽'에 관한 판타지

어릴 때 우리는 '해골 클럽'을 두려워했다. 그들 손아귀에 잡히면 끝장이었다. 그 클럽 회원들은 잡은 포로를 나무에 묶어두었다가 어디론가 끌고 갔다. 포로들은 몇 주일 지난 뒤에야 돌아왔다. 해골 클럽은 트림바흐(졸로투른 주에 있는 도시) 어딘가에 본부를 두고 밤낮으로 지켰으며, 에이전트와 스파이와 연락병들로 이루어진 통신망도 가지고 있었다. 오늘날처럼 과학기술이 발전했더라면 우리가 또 무엇을 생각해냈을지 모르겠다. 어쨌든 나는 그들의 손아귀에 잡힌 적이 없었고, 포로가 되었다는 사람들도 본 적이 없다. 모든 일—해골 클럽과 이 클럽에 관한 우리의 판타지—은 당연히 숲 속에서만 일어났다. 그런 일이 실제로 있었다면 대중에게도 알려지고 경찰도 투입됐을 것이다. 그러나 우리는 해골 클럽이 있다고 믿었다. 우리 말고는 아무도 모른다는 바로 그 사실 때문에 더 오싹했다. 우리는 숲을 방어하기 시작했다. 참호를 파

그 성을 ᄌ 었으며, 서로 굳은 맹세도 했다. 우리에게도 본부와 에이전트, 연락병이 필요하다고 생각했다.

물론 이 모든 일은 평화롭게 진행되었고 우리는 함께 뭉쳐 서로를 믿으며 잘 지냈다. 우리는 착한 편이었으며, 악에 대항하여 연합했다.

다른 편은 당연히 트림바흐 사람들이었고 우리 편은 올텐 사람들이었다. 우리는 어린 애국자들이었다. 그러니까 다른 편과는 다르며, 우리끼리 한편이라는 소속감을 공유하는 어린 애국자들. 그러다가 약간 나이를 먹자 이런 도깨비 같은 현상도 지나갔다.

레바논은 지금 전쟁(2006년 이스라엘의 레바논 침공) 중이다. 그곳의 '해골 클럽'은 어린이들의 상상이 아니라, 이해할 수 없는 잔혹한 현실이다. 우리의 어릴 적 상상과 지금 그곳의 현실 사이에 비교할 만한 것이라고는 전혀 없다. 그곳에도 어린 시절의 우리와 같은 사람들이 살고 있으며, 그때의 우리와 마찬가지로 애국자들이라는 사실을 제외하고는. 애국주의에는 적이 필요하다. 아, 여러분은 내가 지금 애국주의와 국수주의를 혼동한다고 생각하는가? 아니다. 타인의 애국심은 언제나 국수주의다.

이 도깨비 같은 현상이 지나간다면 얼마나 좋을까. 몇 주 전,

스위스 십자(十字)가 그려진 티셔츠가 어느 날 갑자기 거리에서 사라졌듯이. 나는 월드컵에서 스위스의 첫 경기가 열리던 그때 반은 우연, 반은 필연으로 슈투트가르트에 있었다. 도시는 붉은 티셔츠로 넘쳐났다. 궁전 광장은 붉은색뿐이었다. 표를 구한 스위스 사람들뿐 아니라, 실제로 경기가 열리는 곳과 가까운 장소에서 거대한 스크린으로 경기를 관람하려는 사람들 수백 명이 그곳에 모여 있었다. 옛날에 전쟁이 벌어지면 멀리서 구경하던 진짜 관전자(觀戰者)들처럼. 괴테는 7년 전쟁 중에 치러진 베르겐 전투를 프랑크푸르트 성문에서 보았다고 하는데, 나는 이게 사실이 아니라고 생각한다. 그러기에는 거리가 상당히 멀었다. 그러나 아마 전투 소리는 들렸을 테고, 경기장에는 들어가지 못했지만 어쨌든 현장과 아주 가까이 있던 스위스 관전자들처럼 '지금 여기'에 있다는 스릴도 느꼈을 것이다.

    티셔츠 자체는 마음에 든다. 빨강은 아름다운 색깔이고, 하얀 십자와도 잘 어울린다.

    그러나 며칠 뒤 축구 전문가와 사회 철학자들이, 월드컵이 새롭고 경이로운 애국심을 불러일으켰다고 열광할 때는 이해하기 힘들었다. 아마 이들은 여기에 상응하는 독일 철학자들의 말을 인용했을 것이다.

"우리는 다시 유명인이 되었고, 그게 자랑스럽다."

엄청나게 돈을 들인 온갖 호화로운 행사에서도 사람들은 이 느낌이 오랫동안 계속될 거라며 지속성에 대해 이야기했다.

붉은 셔츠는 경기에서 패한 다음 날 바로 사라졌다.

8월 1일에 어쩌면 다시 입을 수 있을 것이다. 나는 이 셔츠를 좋아한다. 셔츠는 내가 어릴 때 밤중에 착실하게 들던 초롱불을 생각나게 한다. 나는 그 밤을 몇 주일씩이나 기다렸다. 8월 1일은 당시 어린아이들이 일찍 잠자리에 들지 않고 오랫동안 깨어 있어도 되는 유일한 밤이었다. 그러나 지금은 축구가 이 셔츠를 점령했다. 그래도 네오 나치에게 점령당한 것보다는 낫다.

이번에는 아마 나 혼자 아주 차분하게 초롱불을 들고 거리를 걸어갈 수 있을지도 모르겠다. 하지만 자신이 없다. 다른 사람들도 같이 해야 하는데, 그러면 연대감이 다시 생길 게 아닌가. 더 이상 '해골 클럽'에 대항하여 싸우고 싶지는 않은데.

나의 국가, 타인의 국가

나는 A매치를 텔레비전으로만 본다. 축구 리포터나 다른 전문가들이 '관중이 만드는 멋진 분위기와 환상적인 응원'이라고 표현하는 그 현상을 도무지 이해할 수 없기 때문이다.

내가 축구장에서 관람한 마지막 A매치는 베른에서 열린 스위스와 프랑스의 경기였다. 경기장에서는 훌륭하고 인상적인 경기가 펼쳐지고 있었으며, 관람석에는 민족 전쟁을 치르기 위해 입장한 관중들이 있었다. 관중들은 프랑스 선수들이 소개될 때마다 휘파람을 불며 야유했다. 이게 축구 팬들에게는 바로 '분위기'다. 스위스 십자가 있는 붉은 셔츠를 멋지게 차려 입은 피끓는 애국자들은, 프랑스 국가 '라 마르세예즈'가 울려 퍼질 때도 당연히 휘파람 야유를 퍼붓는다. 여기서 그게 신경 쓰이는 사람은 나뿐인 모양이다. 나는 축구협회 임원이 이런 일에 대해 뭐라고 할지 그 대답을 알고 있다. "폭력을 쓰는 사람은 어디에

나 있습니다. 축구와는 관계없어요. 그 사람들은 그저 시비를 걸려는 겁니다."

그렇다던 질문, 주 스폰서인 '크레디트 스위스'도 축구와는 관계가 없는 건가? 경기가 시작되기 전, 축구장에서는 크레디트 스위스가 판을 벌였다. 이들은 작은 스위스 국기 수천 개를 미리 나눠주었다. 여기서 광고를 하는 게 크레디트 스위스의 당연한 권리이기는 하다. 이 광고를 위해 약장수가 등장했다. 프로이센 군대 억양이 섞인, 찌르는 듯한 날카로운 표준 득일어로 분위기를 돋울 사람이다.

"스위스 팬들은 어디 있나요? 스위스 팬들은 국기를 높이 드세요!"

그는 소리를 지르고 또 질렀다. 예전 기억이 떠올랐다. 국수주의적 선동에 대한 기억. 나는 소름이 끼쳤다. 정말 두려웠다. 선동이 비옥한 땅에 떨어진 자리에서는 상대방의, 적들의, 외국인들의 국가가 울려 퍼질 때 휘파람 야유가 터졌다. 폭력은 머리에서 시작된다. '분위기'의 종류는 다양하다. 폭력 분위기도 있다. 하지만 프로이센 억양의 크레디트 스위스 약장수는 관중 다수에게서 비옥한 땅을 발견하지 못했다는 다행스러운 사실도 언급해야겠다.

예전에 깊은 감명을 받았던 일이 그때부터 계속 생각난다. 1970년 무렵, 나는 오슬로에 있었다. 그곳 극장에서 탕크레트 도르스트(Tankred Dorst)의 작품《톨러*Ernst Toller*(독일 극작가이자 정치가, 혁명가)》가 상연됐다. 이 작품의 1막 마지막에 배우들이 '인터내셔널가'를 부른다는 소문이 학생—건장한 좌파 68세대—들에게 알려지자, 학생연합은 손에 넣을 수 있는 1층 앞쪽 좌석표를 모조리 사서 동료들, 그리고 다른 좌파 사람들에게 나눠주고는, '인터내셔널가'가 시작되면 자리에서 일어나 목청껏 함께 부르라는 임무를 부여했다. 물론 매우 부르주아적인 극장 관람객들을 도발하려는 목적이었고, 스캔들을 기대했던 것이다.

나는 이 광경을 놓치고 싶지 않았다. 첫째, 탕크레트 도르스트와 그의 작품을 좋아하므로. 둘째, 시민들이 깜짝 놀라는 모습을 보고 싶었으므로. 그래서 발코니 표를 가까스로 한 장 구해, 무도회복을 차려 입은 상류사회 사람들 한복판에서 1막의 끝을 기다렸다.

모든 것이 계획대로 진행됐다. 무대에 선 배우 네 명이 첫 음을 내자마자 1층 의자들이 덜그덕거리더니, 엄청난 합창대가 '인터내셔널가'를 꽥꽥 불렀다.

그러나 박스 석에 있던 신사 숙녀들도 자리에서 일어나, 손을 배 앞으로 모으고 섰다. 조용하고 정중했다. '지금 일종의 국가(國歌)를 부르고 있다. 국가가 연주될 때는 타인의 국가, 내가 동의하지 않는 국가, 아주 심하게 반대하는 국가라고 해도 일어나야 한다.' 계획했던 스캔들은 일어나지 않았다.

학생들은 실망했다. 그러나 나는 시민들의 태도에 깊은 감동을 받았고, 그들에게서 뭔가 배웠다. 스캔들을 기대하고 기뻐했던 내 편협함이 부끄러웠다. "생각해봐. 전쟁인데, 아무도 전쟁터에 나가지 않는 거야." 시민들은 제공된 전쟁을 교양 있게 거부했다.

친구들과 나는 스위스가 월드컵 참가 자격을 따자 함께 기뻐했다. 우리는 자그마한 술집에서 떨며 그 경기를 지켜보았고, 나중에는 짤각하게 파티도 했다.

그러나 다른 때는 늘 보기 좋았던 자동차 라이더들이 이번만큼은 마음에 들지 않았다. 드라이브가 '평화롭게' 끝나기는 했지만, 기쁨의 표현이 아니라 승리에 도취한 모습이었다. 폭력과 폭력 준비 태세가 떠올랐다.

텔레비전에서 축구 전문가가, 상대 팀의 국가가 연주될 때 휘파람을 불어 야유하는 게 풍토가 됐다고 말하는 소리가 들린다.

나는 앞으로 또 어떤 것들이 풍토가 될지 생각해본다. 휘파람 야유가 당연한 것이라면, 당연히 폭력 사태가 벌어질 태세도 이미 갖추어졌다는 뜻이다. 경기가 끝난 뒤 거리에서 인터뷰를 하고 있던 축구팬이 외쳤다.

"독일이여, 우리가 간다! 조심해라!"

기쁨이 아니라 위협하는 음색이었다. 언젠가는 신문에 이런 표제도 실렸다.

"독일이여, 우리가 간다!"

그러니 이런 위협도 이제 풍토가 된 셈이다.

그러나 축구는 멋지다. 나는 거의 모든 경기를 텔레비전으로 시청한다. 우리가 이기면 기뻐하고, 지면 지루한 변명을 늘어놓는다. 그러나 텔레비전에서 "뮌징엔이여, 우리가 간다!"라고 말하는 건 한 번도 들은 적이 없다.

국수주의가 생기려면 아마 국가가 있어야 하는 모양인데, 졸로투른과 뮌징엔은 국가가 아니다.

내 고향은 어디일까?

오래전 미국에 갔을 때, 젊고 똑똑하며 자의식이 넘치는 어떤 여성을 파티에서 만난 적이 있다. 그녀는 나에게 어디 출신인지 물었다. 대답을 한 뒤, 당신은 어디 출신이냐고 묻자 그녀는 "뉴욕"이라고 말하고는, 잠깐 망설이며 허공을 응시하다가 덧붙였다.

"뉴욕 사람이에요. 거기서 태어났지요."

남자 친구 또는 남편으로 보이는 남자가 깜짝 놀라 그녀를 보더니 미소를 지으며 말했다.

'아니, 그건 사실이 아니야. 당신은 워싱턴에서 태어났잖아."

그녀는 엄한 눈길로 그를 보고는 단호하게 말했다.

"어디서 태어났는지는 내가 결정해. 어디 출신이든 간에 난 뉴욕에 와서야 '살기' 시작했으니까."

나는 이 이야기를 벌써 여러 번 했고 또 어딘가에 쓰기도 했는데, 어디에 썼는지는 기억나지 않는다. 오래전의 이야기가 갑자기 다시 긴박해질 때가 가끔 있다. 노인들이 항상 같은 이야기를 반복하는 이유는 감소하는 기억력 탓도 있지만, 듣는 사람들은 이해할 수 없는 독특한 긴박함 때문이기도 하다.

8월 1일 수요일, 나는 책상 앞에 앉아 있다. 도시는 쥐 죽은 듯 고요하다. 저녁 무렵이면 아마 조금 시끄러워질 것이다. 내가 시끄럽지 않게 할 수도 없고, 그렇게 할 마음도 없다. 국경일은 특별한 날이니까. 어릴 때 그날 밤에 스위스 십자가 그려진 초롱불을 드는 일이 나에게 얼마나 중요했는지는 묘사나 설명이 거의 불가능하다. 어리기는 했지만 적어도 이게 뭔가 경건한 일이라는 것은 어렴풋이 느끼고 있었다. 8월 1일에 관한 이야기를 찾노라니, 갑자기 다른 이야기들이 떠오른다.

고향은 나라, 도시, 지역, 거리, 숙소인가? 남자 친구나 여자 친구 또는 숲 속의 파티, 빵을 곁들인 세르블라(스위스 특산 훈제 소시지)인가?

파티에서 만난 그 여성은 흑인이었다. 미국에서 워싱턴만큼 흑인들이 많이 사는 지역은 아마 없을 것이다. 당시 링컨이 노예제도를 폐지했을 때, 많은 흑인들이 존경하는 대통령 근처에서 새로운 생활을 시작하려 했기 때문이다. 그러나 아주 많은 이들이 빈곤이라는 불행에 빠졌다. 그녀는 아마 그런 환경에서 성장했을 것이다. 그러다가 빈곤에서 탈출하여 진짜 인생을 시작하는 데 성공한 모양이었다. 적어도 그렇게 보였다.

"어디서 태어났는지는 내가 결정해."

그렇다, 내 생일도 어딘지 모르게 특별한 날이다. 하지만 나는 왠지 거기 없었던 것처럼 느껴진다. 날짜야 사람들이 나중에 여러 번 알려주었고, 또 생일잔치도 하고 선물도 받았다. 아마 내가 제일 먼저 외운 게 내 생일 날짜일 것이다. 그냥 외우기만 했다. 나는 세상에 온 게 아니라 세상으로 보내졌고, 내가 태어난 게 아니라 내 어머니가 나를 낳았을 뿐이다. 내 의식은 한참이나 지나서야 시작됐다. 아마 그때, 그러니까 우리 어머니가 루체른 거리에서 어떤 여성과 아주 길게 이야기했을 때 시작됐을 것이다. 나는 짜증이 났다. 그 여성이 어떻게 생겼는지 아직도 기억한다. 그녀가 흰색 푸들을 한 마리 데리고 있던 것도, 어느 동네였는지도 생각난다. 그곳에는 회양목이 한 그루 있었다. 나는 너무 지루해서 회양목 잎을 따서 손가락으로 문질렀다. 그게 어쩌면 내 머릿속에 저장된 최초의 사건일 것이다. 이야깃거리도 되지 않지만 중요한 사건. 아마 의식으로 진입한 첫 걸음, 일종의 생일이라고 할 수 있겠지. 그날이 언제였는지 날짜는 기억하지 못한다. 내가 언제 태어났는지도 모른다. 다만 어머니가 언제 나를 낳았는지를 알 뿐.

처음부터 국적이 있었지만 이는 내가 루체른 출신이어서가 아니라 우리 부모님에게 국적이 있었기 때문이다. 아, 물론 나는 이곳에 살기 좋아한다. 습관이 됐고, 충분히 적응해서 익숙해졌다. 나는 여기 산다.

하지만 그거야 다른 사람들도 마찬가지다. 그들도 익숙해졌고, 그들도 각자의 장소에서 산다. 나와는 국적만 다를 뿐이다. 아마 나보다 더 많이, 더욱 열정적으로 익숙해진 사람들도 있을 것이다. 뉴욕에서 태어났다고 결정한 그 여성과 같은 마음을 먹은 사람들처럼.

어쨌든 고향이란 뭔가 사적인 것이다. 태어날 때 당연하게 주어지는 국적은 고향과는 거리가 멀다. 그곳에서 자라거나 눈을 뜬 곳이 고향이다. 다른 국적을 소유했지만 여기 이 지역에서 성장하거나 눈을 뜬 사람들도 있다. 내 고향은 어디일까?

옮긴이의 말

특별한 사건 없이도 일상을 특별하게 만드는 사람들의 행복한 만남

이 책은 2005년부터 2008년까지 〈슈바이처 일루스트리어테 Schweizer Illustrierte〉에 실렸던 페터 빅셀의 칼럼들을 모은 것으로, 원제는 《존슨은 오늘 오지 않는다 Heute kommt Johnson nicht》이다.

"그는 장편(掌篇)이라는 형식을 통해 얼마 안 되는 낱말들로 아주, 아주 깊은 이야기를 하는 위대한 이야기꾼이다"라는 게오르그 파처의 평처럼, 페터 빅셀은 짧은 이야기(掌篇)의 마술사다. 그의 짧은 이야기들이 늘 그렇듯이, 장르를 달리한 이번 작품에도 고개를 젖혀야 하는 높은 봉우리나 현기증을 일으킬 만한 깊은 골짜기는 없다. 교훈을 주겠다며 목소리를 높이지도 않고, 자기주장을 두드러지게 드러내는 경우도 드물다. 그럼에도 읽는 내내 손끝을 저리게 하고, 가슴을 뜨끔하게 하거나 한숨을 쉬게 만든다.

　주변의 소소한 일상사를 섬세하게 관찰하고(저자 스스로는 '관찰'하는 게 아니라 그저 '볼' 뿐이라고 주장하지만), 기교나 군더더기 없는 깔끔한 문체로 차분하게 이야기하는 그의 글은 평범해 보이지만 결코 상투적이지 않다. 당연해 보이는 익숙한 일들, 작고 큰 세상을 다른 눈으로 바라보고 사유할 계기를 제공하며, 느림의 미학을 발견하게 한다.

　그의 전작들에서 자주 보아왔던, 주변에 흔히 있을 법하면서도 어딘가 특별한 사람들은 이 책에도 등장한다. 동네 바보는 기다림을, 모든 기차의 시간표를 외우는 지적장애인은 존재 자체를 가르쳐주고, 교회 종의 조율표를 여러 장 가지고 있는 사람은 저자의 하루를 구원해준다. 특별한 사건 없이도 일상을 특별하게 만드는 재주를 가진 사람들의 행복한 만남이다. 저자의 글은 소통을 존재적인 요구로 보고, 이야기하기와 침묵하며 듣기의 힘을 믿으므로 따뜻하다.

　그러나 이와 더불어 소통과 융화에 관한 이야기를 하면서도 효율만을 목표로 삼는 비인간적이고 폭력적인 사회의 문제점도 짚는다. 우리는 차표 자동 발매기나 현금 인출기에게 자기도 모르게 인사말을 건넨다. 외국인에게 우리말을 배워 우리와 융화

하라고 말하지만, 이들이 과연 누구와 이야기해야 할까? 민영화를 자유로 속이는 사람들, 권력자의 마음에 들었다고 스스로 권력이 있다고 착각하는 사람들, 규격화만 남은 학습 히스테리……. "우리는 무질서만이 아니라 아마 질서 때문에 환경을 훨씬 더 많이 파괴할 것이다. 우리 마음에 들어야 할 뿐, 환경의 동의는 얻지 않는 질서 때문에"라는 말에 이르면 우리나라의 현실이 저절로 떠오른다.

그의 칼럼은 만프레드 오를릭의 평처럼 "우리 시대정신의 피상적인 표면을 긁는 재치"로 가득하다. 화려하지 않으나 늘 옆에 두고 싶은 국화 같은 책이 되기를, 우리나라에 이미 소개된 장편(掌篇)들에서 느꼈던 것과는 또 다른 감동과 재미를 독자들이 이번 그의 칼럼집에서 발견하시기 바란다.

2009년 10월
전은경

페터 빅셀의 작품 및 수상 내역

소설
《사실 블룸 부인은 우유 배달부를 알고 싶어 한다 Eigentlich möchte Frau Blum den Milchmann kennenlernen》(1964)
《사계 Die Jahreszeiten》(1967)
《책상은 책상이다 Kindergeschichten》(1969)
《스위스인의 스위스 Des Schweizers Schweiz》(1969)
《철두철미 민주주의자 Die Totaldemokraten》(1998)
《케루빈 함머와 케루빈 함머 Cherubin Hammer und Cherubin Hammer》(1999)
《철자의 달콤한 독 Das süße Gift der Buchstaben》(2004)

칼럼집
《시대착오적인 이야기 Geschichten zur falschen Zeit》(1979)
《어딘가 다른 곳 Irgendwo anderswo》(1986)
《반대로 Im Gegenteil》(1990)
《못 말리는 우리 동네 우편배달부 Gegen unseren Briefträger konnte man nichts machen》(1995)
《다 나한테서 배운 거지 Alles von mir gelernt》(2000)

《슐라이어 박사의 황갈색 겨울 학교 Doktor Schleyers isabellenfarbige Winterschule》(2003)
《칼럼들, 칼럼들 Kolumnen, Kolumnen》(2005)
《나는 시간이 아주 많은 어른이 되고 싶었다 Heute kommt Johnson nicht》(2008)

수상 내역

스위스 실러 재단상(1964, 1987, 1999)
함부르크 레싱 장려상(1965)
47그룹상(1965)
올켄상(1966)
독일 청소년 도서상(1970)
졸로투른 주 예술상(1978)
베른 주 문학상(1978)
바덴뷔르템베르크 주 요한 페터 헤벨상(1986)
고트프리트 켈러상(1999)
카셀 문학상 그로테스크 유머 부문(2000)

지은이 페터 빅셀 Peter Bichsel
1935년 스위스 루체른에서 태어나 졸로투른에 살고 있다. 13년간 초등학교 교사로 재직했고, 이후 전업 작가의 길로 들어섰다. 47그룹상(1965), 스위스 문학상(1973), 요한 페터 헤벨 문학상(1986), 고트프리트 켈러 문학상(1999) 등을 수상했다. 우리나라에도 널리 알려진 《책상은 책상이다》를 비롯하여 《여자들은 기다림과 씨름한다》, 《못 말리는 우리 동네 우편배달부》, 《사계》, 《케루빈 함머와 케루빈 함머》 등의 작품집을 발표했다.

옮긴이 전은경
한양대학교 사학과를 졸업하고 독일 튀빙엔 대학교에서 고대 역사 및 고전 문헌학을 공부했다. 현재 독일어 전문 번역가로 활동하고 있으며, 《16일간의 세계사 여행》, 《철학의 시작》, 《캐리커처로 본 여성 풍속사》, 《커피우유와 소보로빵》, 《리스본행 야간열차》 등 많은 책을 우리말로 옮겼다.

나는 시간이 아주 많은 어른이 되고 싶었다

첫판 1쇄 펴낸날 2009년 10월 30일
16쇄 펴낸날 2023년 12월 27일

지은이 페터 빅셀 **옮긴이** 전은경
발행인 김혜경
편집인 김수진
편집기획 김교석 조한나 유승연 문해림 김유진 곽세라 전하연 박혜인 조정현
디자인 한승연 성윤정
경영지원국 안정숙
마케팅 문창운 백윤진 박희원
회계 임옥희 양여진 김주연

펴낸곳 (주)도서출판 푸른숲
출판등록 2003년 12월 17일 제2003-000032호
주소 서울특별시 마포구 토정로 35-1 2층, 우편번호 04083
전화 02)6392-7871, 2(마케팅부), 02)6392-7873(편집부)
팩스 02)6392-7875
홈페이지 www.prunsoop.co.kr
페이스북 www.facebook.com/prunsoop **인스타그램** @prunsoop

ⓒ푸른숲, 2009
ISBN 978-89-7184-821-0 (03850)

* 잘못된 책은 구입하신 서점에서 바꾸어 드립니다.
* 본서의 반품 기한은 2028년 12월 31일까지입니다.